国家"十三五"重点图书出版规划项目
"江苏省新型建筑工业化协同创新中心"经费资助

新型建筑工业化丛书
吴 刚 王景全 主 编

工业化建筑市场运营与策略

编著 林艺馨 詹耀裕

东南大学出版社
SOUTHEAST UNIVERSITY PRESS
·南京·

内 容 提 要

本书从工业化建筑概念、发展历程、政策及标准、存在问题、发展趋势等方面,较全面地阐述了工业化建筑市场运营与策略的相关理论;同时对工业化建筑的政策及标准、市场管理体系进行了梳理;并对国内外工业化建筑的实际案例进行分析与深入探讨,展示了工业化建筑市场运营与策略在建筑行业中的重要性。本书内容新颖,适用面较广,适合装配式建筑企业相关从业人员阅读,以及国内土木、建筑、经管院校工程管理专业的师生在教学中参考使用。

图书在版编目(CIP)数据

工业化建筑市场运营与策略 / 林艺馨,詹耀裕编著. —南京:东南大学出版社,2018.11
(新型建筑工业化丛书 / 吴刚,王景全主编)
ISBN 978-7-5641-8057-7

Ⅰ.①工… Ⅱ.①林… ②詹… Ⅲ.①工业建筑—建筑市场—运营管理—研究 Ⅳ.①F407.9

中国版本图书馆 CIP 数据核字(2018)第 242052 号

工业化建筑市场运营与策略

编　著　林艺馨　詹耀裕

出版发行	东南大学出版社
社　　址	南京市四牌楼 2 号　邮编:210096
出 版 人	江建中
责任编辑	丁　丁
编辑邮箱	d.d.00@163.com
网　　址	http://www.seupress.com
电子邮箱	press@seupress.com
经　　销	全国各地新华书店
印　　刷	江阴金马印刷有限公司
版　　次	2018 年 11 月第 1 版
印　　次	2018 年 11 月第 1 次印刷
开　　本	787 mm×1 092 mm　1/16
印　　张	10.5
字　　数	182 千
书　　号	ISBN 978-7-5641-8057-7
定　　价	58.00 元

本社图书若有印装质量问题,请直接与营销部联系。电话(传真):025-83791830

序

改革开放近四十年以来,随着我国城市化进程的发展和新型城镇化的推进,我国建筑业在技术进步和建设规模方面取得了举世瞩目的成就,已成为我国国民经济的支柱产业之一,总产值占 GDP 的 20% 以上。然而,传统建筑业模式存在资源与能源消耗大、环境污染严重、产业技术落后、人力密集等诸多问题,无法适应绿色、低碳的可持续发展需求。与之相比,建筑工业化是采用标准化设计、工厂化生产、装配化施工、一体化装修和信息化管理为主要特征的生产方式,并在设计、生产、施工、管理等环节形成完整有机的产业链,实现房屋建造全过程的工业化、集约化和社会化,从而提高建筑工程质量和效益,实现节能减排与资源节约,是目前实现建筑业转型升级的重要途径。

"十二五"以来,建筑工业化得到了党中央、国务院的高度重视。2011 年国务院颁发《建筑业发展"十二五"规划》,明确提出"积极推进建筑工业化";2014 年 3 月,中共中央、国务院印发《国家新型城镇化规划(2014—2020 年)》,明确提出"绿色建筑比例大幅提高""强力推进建筑工业化"的要求;2015 年 11 月,中国工程建设项目管理发展大会上提出的《建筑产业现代化发展纲要》中提出,"到 2020 年,装配式建筑占新建建筑的比例 20% 以上,到 2025 年,装配式建筑占新建建筑的比例 50% 以上";2016 年 8 月,国务院印发《"十三五"国家科技创新规划》,明确提出了加强绿色建筑及装配式建筑等规划设计的研究;2016 年 9 月召开的国务院常务会议决定大力发展装配式建筑,推动产业结构调整升级。"十三五"期间,我国正处在生态文明建设、新型城镇化和"一带一路"战略布局的关键时期,大力发展建筑工业化,对于转变城镇建设模式,推进建筑领域节能减排,提升城镇人居环境品质,加快建筑业产业升级,具有十分重要的意义和作用。

在此背景下,国内以东南大学为代表的一批高校、科研机构和业内骨干企业积极响应,成立了一系列组织机构,以推动我国建筑工业化的发展,如:依托东南大学组建的新型建筑工业化协同创新中心、依托中国电子工程设计院组建的中国建筑学会工业化建筑学术委员会、依托中国建筑科学研究院组建的建筑工业化产业技术创新战略联盟等。与此同时,"十二五"国家科技支撑计划、"十三五"国家重点研发计划、国家自然科学基金等,对建筑工业化基础理论、关键技术、示范应用等相关研究都给予了有力资助。在各方面的支持下,我国建筑工业化的研究聚焦于绿色建筑设计理念、新型建材、结构体系、施工与信息化管理等方面,取得了系列创新成果,并在国家重点工程建设中发挥了重要作用。将这些成果进行总结,并出版《新型建筑工业化丛书》,将有力推动建筑工业化基础理论与技术的发展,促进建筑工业化的推广应用,同时为更深层次的建筑工业化技术标准体系的研究奠定坚实的基础。

《新型建筑工业化丛书》应该是国内第一套系统阐述我国建筑工业化的历史、现状、理论、技术、应用、维护等内容的系列专著,涉及的内容非常广泛。该套丛书的出版,将有助于我国建筑工业化科技创新能力的加速提升,进而推动建筑工业化新技术、新材料、新产品的应用,实现绿色建筑及建筑工业化的理念、技术和产业升级。

是以为序。

清华大学教授　
中国工程院院士

2017 年 5 月 22 日于清华园

丛书前言

建筑工业化源于欧洲,为解决二战后重建劳动力匮乏的问题,通过推行建筑设计和构配件生产标准化、现场施工装配化的新型建造生产方式来提高劳动生产率,保障了战后住房的供应。从20世纪50年代起,我国就开始推广标准化、工业化、机械化的预制构件和装配式建筑。70年代末从东欧引入装配式大板住宅体系后全国发展了数万家预制构件厂,大量预制构件被标准化、图集化。但是受到当时设计水平、产品工艺与施工条件等的限定,导致装配式建筑遭遇到较严重的抗震安全问题,而低成本劳动力的耦合作用使得装配式建筑应用减少,80年代后期开始进入停滞期。近几年来,我国建筑业发展全面进行结构调整和转型升级,在国家和地方政府大力提倡节能减排政策引领下,建筑业开始向绿色、工业化、信息化等方向发展,以发展装配式建筑为重点的建筑工业化又得到重视和兴起。

新一轮的建筑工业化与传统的建筑工业化相比又有了更多的内涵,在建筑结构设计、生产方式、施工技术和管理等方面有了巨大的进步,尤其是运用信息技术和可持续发展理念来实现建筑全生命周期的工业化,可称谓新型建筑工业化。新型建筑工业化的基本特征主要有设计标准化、生产工厂化、施工装配化、装修一体化、管理信息化五个方面。新型建筑工业化最大限度节约建筑建造和使用过程的资源、能源,提高建筑工程质量和效益,并实现建筑与环境的和谐发展。在可持续发展和发展绿色建筑的背景下,新型建筑工业化已经成为我国建筑业的发展方向的必然选择。

自党的十八大提出要发展"新型工业化、信息化、城镇化、农业现代化"以来,国家多次密集出台推进建筑工业化的政策要求。特别是2016年2月6日,中共中央国务院印发《关于进一步加强城市规划建设管理工作的若干意见》,强调要"发展新型建造方式,大力推广装配式建筑,加大政策支持力度,力争用10年左右时间,使装配式建筑占新建建筑的比例达到30%";2016年3月17日正式发布的《国家"十三五"规划纲要》,也将"提高建筑技术水平、安全标准和工程质量,推广装配式建筑和钢结构建筑"列为发展方向。在中央明确要发展装配式建筑、推动新型建筑工业化的号召下,新型建筑工业化受到社会各界的高度关注,全国20多个省市陆续出台了支持政策,推进示范基地和试点工程建设。科技部设立了"绿色建筑与建筑工业化"重点专项,全国范围内也由高校、科研院所、设计院、房地产开发和部构件生产企业等合作成立了建筑工业化相关的创新战略联盟、学术委员会,召开各类学术研讨会、培训会等。住建部等部门发布了《装配式混凝土建筑技术标准》《装配式钢结构建筑技术标准》《装配式木结构建筑技术标准》等一批规范标准,积极推动了我国建筑工业化的进一步发展。

东南大学是国内最早从事新型建筑工业化科学研究的高校之一,研究工作大致经历了三个阶段,第一个阶段是对外引进、消化吸收再创新阶段:早在20世纪末,吕志涛院士敏锐地捕捉到建筑工业化是建筑产业发展的必然趋势,与冯健教授、郭正兴教授、孟少平教授等共同努力,与南京大地集团等合作,引入法国的世构体系;与台湾润泰集团等合作,引入润泰预制结构体系;历经十余年的持续研究和创新应用,完成了我国首部技术规程和行业标准,成果支撑了全国多座标志性工程的建设,应用面积超过500万平方米。第二个阶段是构建平台、协同创新阶段:2012年11月,东南大学联合同济大学、清华大学、浙江大学、湖南大学等高校以及中建总公司、中国建筑科学研究院等行业领军企业组建了国内首个新型建筑工业化协同创新中心,2014年入选江苏省协同创新中心,2015年获批江苏省建筑产业现代化示范基地,2016年获批江苏省工业化建筑与桥梁工程实验室。在这些平台上,东南大学的一大批教授与行业同仁共同努力,取得了一系列创新性的成果,支撑了我国新型建筑工业化的快速发展。第三个阶段是自2017年开始,以东南大学与南京市江宁区政府共同建设的新型建筑工业化创新示范特区载体(第一期面积5 000平方米)的全面建成为标志和支撑,将快速推动东南大学校内多个学科深度交叉,加快与其他单位高效合作和联合攻关,助力科技成果的良好示范和规模化推广,为我国新型建筑工业化发展做出更大的贡献。

然而,我国大规模推进新型建筑工业化,技术和人才储备都严重不足,管理和工程经验也相对匮乏,亟须一套专著来系统介绍最新技术,推进新型建筑工业化的普及和推广。东南大学出版社出版的《新型建筑工业化丛书》正是顺应这一迫切需求而出版,是国内第一套专门针对新型建筑工业化的丛书,丛书由十多本专著组成,涉及建筑工业化相关的政策、设计、施工、运维等各个方面。丛书编著者主要是东南大学的教授,以及国内部分高校科研单位一线的专家和技术骨干,就新型建筑工业化的具体领域提出新思路、新理论和新方法来尝试解决我国建筑工业化发展中的实际问题,著者资历和学术背景的多样性直接体现为丛书具有较高的应用价值和学术水准。由于时间仓促,编著者学识水平有限,丛书疏漏和错误之处在所难免,欢迎广大读者提出宝贵意见。

吴　刚　王景全

前　言

中国自改革开放以来,经济飞速发展,人民生活水平显著提高。但不可避免地带来许多问题,例如环境破坏、资源浪费等。因此,国家提出了从"粗放式"经济向"可持续"经济转变的发展策略。建筑业作为我国经济发展的支柱性产业之一,对我国的经济发展产生着巨大的影响,所以建筑业必须进行转变,走可持续发展道路。工业化建筑的生产方式是可持续发展概念的具体体现,也是未来建筑的发展方向之一,符合我国对经济建设的要求。

虽然我国对工业化建筑展开了各方面的工作,在对装配整体式住宅的研究和应用上取得了一定的进步,但是在总体上我国仍然处在一个起步阶段。因此需要对比国内外工业化建筑发展的现状与差别,认清与发达国家的差距,学习国外在这方面的经验和技术,从而进一步发展我国的工业化建筑。此外,目前我国工业化建筑在技术、政策与标准、生产与成本等方面还是需要不断地完善。

工业化建筑市场与传统建筑市场相比,有共通之处也存在其独特之处。管理体系和管理水平在工程项目的建造过程中扮演着十分重要的角色,对项目的实际建造和投入运营产生着重要影响。工业化建筑在我国正处于初步发展和普及阶段,市场对于工业化建筑的认识程度和接受程度还不高,如何打开工业化建筑的市场,以及如何制定运营策略和竞争策略,这些都是当前我国的工业化建筑所面临的问题。

作者结合工业化建筑市场运营与策略的性质和特点,经过认真研究和讨论,确定了本书的编写思想、大纲、内容和编写要求。本书反映了作者多年从事工业化建筑市场运营与策略研究、教学和实践的经验和成果。全书理论和实践紧密结合,具有较强的可读性。

全书共分6章,其中第1～4章由林艺馨博士、詹耀裕总经理编写,第5～6章由林艺馨博士编写。本书在编写过程中查阅和检索了许多工业化建筑市场运营与策略方面的信息、资料和有关专家的著述,在此对相关作者表示感谢。由于工业化建筑市场运营与策略的理论、方法和运作还需要在工程实践中不断丰富、发展和完善,加上作者水平有限,本书不当之处敬请读者、同行批评指正,以便再版时修改完善。

笔　者

2018 年 4 月

目　　录

第1章　工业化建筑导论 ·· 001
 1.1　工业化建筑的定义及内涵 ····································· 001
  1.1.1　工业化建筑的定义 ······································ 001
  1.1.2　工业化建筑的内涵 ······································ 003
 1.2　工业化建筑的分类及特点 ····································· 005
  1.2.1　工业化建筑的分类 ······································ 005
  1.2.2　工业化建筑的特点 ······································ 008
 1.3　工业化建筑工程总承包管理模式 ······························· 012
  1.3.1　设计阶段 ·· 012
  1.3.2　生产阶段 ·· 013
  1.3.3　施工阶段 ·· 013
  1.3.4　运营维护阶段 ·· 014
  1.3.5　管理模式 ·· 014
 1.4　工业化建筑的发展历程 ······································· 015
  1.4.1　工业化建筑的国际发展 ·································· 015
  1.4.2　我国建筑业的阶段性发展 ································ 015
  1.4.3　我国工业化建筑的发展现状 ······························ 017
  1.4.4　我国工业化建筑存在的问题 ······························ 020

第2章　工业化建筑的政策及标准 ····································· 023
 2.1　企业鼓励政策 ··· 023
  2.1.1　资金补助 ·· 024
  2.1.2　金融优惠 ·· 025
  2.1.3　土地及建筑面积政策 ···································· 026
  2.1.4　技术培训 ·· 026

2.2 消费者的补贴政策 · 026
2.3 工程造价改革政策 · 027
2.4 绿色建材政策 · 028
2.5 相关建造标准 · 029
2.6 启示 · 031

第3章 工业化建筑市场管理体系 · 034
3.1 质量管理 · 034
3.1.1 质量的内涵 · 035
3.1.2 国外质量控制模式 · 036
3.1.3 质量控制模型 · 038
3.1.4 质量管理分析 · 040
3.1.5 质量监管体系 · 041
3.1.6 NPC结构技术体系 · 044
3.2 成本管理 · 045
3.2.1 成本管理内涵 · 045
3.2.2 成本管理的主要环节 · 046
3.2.3 成本管理中存在的问题及对策 · 050
3.3 进度管理 · 051
3.3.1 进度管理的重要性 · 051
3.3.2 影响进度管理的因素 · 052
3.3.3 解决进度管理的措施 · 053
3.4 安全管理 · 055
3.4.1 预制装配式施工特点 · 055
3.4.2 装配式建筑施工安全管理要点 · 056
3.5 合同管理 · 061
3.5.1 合同管理的必要性分析 · 061
3.5.2 合同管理的方法 · 062

第4章 市场运营 · 064
4.1 工业化建筑市场的运营分析 · 064

  4.1.1 行业政策环境分析 ………………………………………… 065
  4.1.2 经济环境分析 ……………………………………………… 066
  4.1.3 社会环境分析 ……………………………………………… 068
  4.1.4 技术环境分析 ……………………………………………… 069
  4.1.5 市场需求分析 ……………………………………………… 070
  4.1.6 SWOT 分析 ………………………………………………… 071
 4.2 目标市场选择 …………………………………………………… 075
 4.3 市场运营模式 …………………………………………………… 078

第 5 章 策略管理 ……………………………………………………… 083
 5.1 运营策略 ………………………………………………………… 083
  5.1.1 产品策略 …………………………………………………… 084
  5.1.2 价格策略 …………………………………………………… 086
  5.1.3 营销渠道策略 ……………………………………………… 090
  5.1.4 促销策略 …………………………………………………… 092
  5.1.5 顾客策略 …………………………………………………… 095
  5.1.6 沟通策略 …………………………………………………… 098
  5.1.7 关系营销 …………………………………………………… 099
  5.1.8 回报策略 …………………………………………………… 101
 5.2 竞争策略 ………………………………………………………… 103
  5.2.1 基于竞争对手 ……………………………………………… 103
  5.2.2 基于产品特点 ……………………………………………… 106
  5.2.3 基于市场需求状况特点 …………………………………… 107
  5.2.4 基于消费需求 ……………………………………………… 107

第 6 章 国内外工业化建筑案例分析 ………………………………… 109
 6.1 国内案例分析 …………………………………………………… 109
  6.1.1 房地产企业案例分析——万科 …………………………… 109
  6.1.2 建筑业企业案例分析——中建 …………………………… 120
  6.1.3 构件生产商案例分析——润泰 …………………………… 128
 6.2 国外案例分析 …………………………………………………… 132

6.2.1 国外工业化建筑的政策及标准介绍 …………………………… 132
6.2.2 美国 AECOM 公司 …………………………………………… 135
6.2.3 德国 HOCHTIEF 公司 ………………………………………… 137
6.2.4 日本 JGC 公司 ………………………………………………… 139
6.2.5 新加坡裕廊集团 ………………………………………………… 141
6.2.6 瑞典斯勘斯卡公司 ……………………………………………… 144

参考文献 ……………………………………………………………………… 147

第1章
工业化建筑导论

随着人们生活质量的提高,对住宅的要求相应也在提高,工业化建筑因其能达到降低能耗、绿色环保、清洁生产、快速营造等要求,更加符合人们的生活理念,成为建筑业发展的必然趋势。本章首先对工业化建筑的定义与内涵进行阐述,说明了工业化建筑的目标以及衡量的标准。其次详细介绍了工业化建筑的分类及特点,以及工业化建筑工程总承包管理模式的各个环节。最后,对国内外工业化建筑的发展历程以及存在的问题进行了总结。

1.1 工业化建筑的定义及内涵

我国自改革开放以来,经济飞速发展,人民生活水平显著提高。但不可避免地带来许多问题,例如环境破坏、资源浪费等。因此,国家提出了从"粗放式"经济向"可持续"经济转变的发展策略。建筑业作为我国经济发展的支柱性产业之一,对我国的经济发展产生着巨大的影响,所以建筑业必须进行转变,走可持续发展道路。工业化建筑的生产方式是可持续发展概念的具体体现,也是未来建筑的发展方向之一,符合我国对经济建设的要求。

我国对工业化建筑的探索开始于20世纪50年代,随着时间的推移,对工业化建筑的理解也不断地深入。本节首先列举了几种比较典型的定义,之后进一步剖析工业化建筑的内涵,分析工业化建筑的目标和任务以及衡量工业化建筑实现与否的标准。

1.1.1 工业化建筑的定义

追溯历史渊源,工业化建筑是随西方工业革命出现的概念。工业革命使造船、汽车生产效率大幅提升。欧洲兴起的新建筑运动,推动工厂预制、现场机械装配的新型建筑生产方式成为工业化建筑最初的理论雏形。战后，一些西方国家出现了住房问题亟待解决而劳动力严重缺乏的情况，这为推行工业化建筑提供了实践的基础，这种新型的建筑方式因其工作效率高而在欧美风靡一时。1974年，联合国出版的《政府逐步实现建筑工业化的政策和措施指引》中对"建筑工业化"进行了定义：按照大工业生产方式改造建筑业，使之逐步从手工业生产转向社会化大生产的过程。主要目标是提高劳动生产率，加快建设速度，降低工程成本，提高工程质量。并指出其基础途径是建筑标准化、构配件生产工厂化、施工机械化和组织管理科学化，同时将现代科学技术的新成果作为不可缺少的辅助（贺灵童、陈艳，2013）。

建设部印发的《建筑工业化发展纲要》中提道："建筑工业化是指建筑业要从传统的以手工操作为主的小生产方式逐步向社会化大生产方式过渡……在建筑标准化的基础上，发展建筑构配件、制品和设备的生产……使建筑业生产、经营活动逐步走上专业化社会化道路。"由此可见，工业化建筑的生产方式包括构件预制化生产、装配式施工，通过综合运用信息管理方式来在产业链中完成设计、生产、施工、开发等环节。也就是实现建设全过程的工业化、集约化和社会化，提升建筑产品品质和效益，实现节能、环保的可持续发展的建筑生产方式（徐友全、徐磊，2014）。

近些年来，不同的学者对工业化建筑进行了不同的定义。李忠富和李晓丹将工业化建筑定义为"采用工业生产的方式建造不同形式的建筑，研究使设计、材料、结构件、机械设备形成一个整体的生产和管理等方面工作的施工方法，对不同结构的形成，做大规模生产、商品管理，也就是利用标准化、产业化、机械化、科学化构建和改造传统的生产方式，将建筑的生产转移到现代大工业生产的轨道上"（李忠富、李晓丹，2016）。从生产方式的角度，谢芝馨认为工业化建筑就是"采用现代化信息化的科学技术手段，以产业化自动化的工业生产方式代替传统的手工作业的生产方式，充分利用高新技术，以最少的劳动力、最短的时间、最优化的资源创造优秀满意的建筑"（谢芝馨，2003）。

事实上，不仅应在施工企业或产业的生产效率和经济效益上考虑工业化建筑的发展，也要注重社会效益、环境影响和可持续发展等方面是否满足（翟鹏，2015）。工业化建筑是提高劳动效率、提升建筑质量的重要方式，也是我国未来建筑业的发展方向。工业化建筑、建筑工厂化、建筑产业化、住宅工业化、住宅产业化等，都是工业化建筑发展中产生的概念，要想有更好的发展思路，必须理清这些概念间的关系。

综上所述,工业化建筑是指以建筑设计标准化、生产的工厂化、施工的装配化、装修的一体化,以及过程全部信息化、施工机械化和组织管理科学化为主要标志的生产方式,通过现代化的生产和管理,将传统建筑业的手工业生产逐步转向社会化大生产,从而实现高效率、高质量、高科技、高效益的目标。

1.1.2 工业化建筑的内涵

随着社会经济的发展,新时期下我国的人口红利正在消失,人口优势不再体现出来。面对劳动力短缺、人工成本上升等一系列问题,加上环境污染、水资源的缺少与浪费、建筑垃圾多且难处理,实行工业化建筑是必然的趋势。国家为了实现"四节一环保"(节地、节水、节材、节能、保护环境)的要求,制定了一系列扶持政策,目的就是推行工业化建筑。因此,如何正确理解新时期工业化建筑的含义,正确引导我国今后一段时期工业化建筑的发展方向,是我们应该考虑的一个问题(王俊、赵基达、胡宗羽,2016)。

1. 工业化建筑的目标及任务

在新型工业化建筑中,提高施工技术是首要任务,由先进的技术和设备提供支持。建筑产品和构件需要规模化生产,此时应利用市场优势和规模效应来满足需求,提高效率。在此之前,建筑产品和构件的生产标准化也尤为重要,通过建筑标准的统一、建筑模数协调以及模块化技术手段,可以使产品多样化,满足更高的市场要求。在管理的同时,要有其合理性,通过实现资源的合理分布配置来完善建筑产业链。在信息技术高度发达的当今,应加强其与设计生产之间的联系,建立整体的并且适应市场与建筑方的管理体系。在技术发展和生产方式方面,新型工业化建筑建造的目标为:采用智能建造系统,在数字化信息技术控制下,使大规模成批建造方式向大产量定制建造方式转变,并实行菜单式订购(翟鹏,2015)。具体的目标如下:

(1) 高效率。通过工厂化、规模化,大幅度提高生产效率。

(2) 高质量。通过自动化流水线生产,严格控制质量,最大限度地减少工作人员个人因素的影响。

(3) 高科技。通过在生产过程中采用新材料、新技术、新工艺,减少资源和能源消耗、二氧化碳排放和环境污染,提高产品耐久性。

(4) 高效益。通过科技创新、规模化生产,实现降低成本、提高性价比和综合经济效益(沈祖炎、李元齐,2015)。

2. 工业化建筑的衡量

考虑到我国建筑业的现状,想要实现新型工业化建筑建造的目标和效果,任务非常艰巨。建造技术和生产方式上的改革是一项不折不扣的系统工程,改革会牵涉建造过程的方方面面,并且涉及工业化建筑全寿命周期的许多阶段。新型工业化建筑是否实现的标志,可由以下的"9个化"来衡量(沈祖炎、李元齐,2015)

(1) 建筑设计个性化

一般认为,工业化建造的基础是标准化,工业化建造成败的关键是个性化。对建筑来说,它是一个工程,也是一种文化的表达,个性化应该是建筑所必须具有的要素。因此,建筑设计首先应当表现个性化,然后研究制定能满足工业化建造要求所必需的标准化规定。

(2) 结构设计体系化

应致力于研究符合工业化建造要求的结构体系,并能形成菜单式订购的体系建筑。除已形成的轻钢门式刚架体系建筑、螺栓球节点网架结构体系建筑等外,更应研究和引进新的体系,如多层钢框架结构体系与中高层混凝土预制结构体系建筑、高层钢支撑框架结构体系建筑、多层及小高层空间钢框架模块体系建筑等。

(3) 部品尺寸模数化

实施标准化的前提是模数化,要实现部品系列化、商品化生产供应,必须满足各类部品之间以及部品与建筑之间的模数协调、配套和通用,这也是机械化装配施工的保证,是建筑物实现工业化设计和建造的关键。因此,合理地确定模数极为重要,这需要建筑、结构、设备、制作、安装等工种的协同研究。

(4) 结构构件标准化

要实现大规模的工厂化生产,结构构件标准化至关重要。基于已有工程实践的分析比较,对不同的结构体系,应当提出标准化、系列化的结构构件系列,包括截面形式、用钢等,从而实现用最少种类的标准"积木"搭建尽可能形式多样的建筑。

(5) 加工制作自动化

加工制作系统是是否实现新型工业化建筑建造的最直观的衡量标志。为了使新型工业化建筑建造在生产方式和技术发展上与传统的大批量生产有质的变化,需要对不同的体系建筑研制高度自动化(无人或少人)的数字化信息控制的生产系统,并逐步发展为可自律操作的智能生产系统。

(6) 配套部品商品化

配套建筑部品也是工业化建造的基本组成单元,它的质量直接关系到工业化建筑建造的品质。为了获得质量性能佳、成本低、适用性强和安全环保的建筑部品,应实现建筑部品商品化,利用互联网、物联网提高流通和应用效率,减少库存和损耗。各类部品研发时,应以模数化技术解决部品的通用性问题,以标准化实现部品的工业化生产,以系列化应对建筑个性化的要求,以集成化满足现场安装的需要。

(7) 现场安装装配化

现场安装是一道关键工序,它关系到建造进度和质量及建筑物整体性、适用性、安全性和耐久性等的好坏,为了实现装配工艺优质、高效,应针对成熟部品和工业化建筑体系研制装配专用设备。

(8) 建造运维信息化

应采用信息技术建立全过程信息化管理平台,包括建筑、结构、水、电、暖、建筑部品、部品间的连接等设计、建造、安装、装饰、运行、维修等建筑全寿命周期的信息体系,实现建造全过程信息的交流和共享,提高运维管理的效率。

(9) 拆除废件资源化

在设计、建造和部品制备等环节中都应考虑在整个建筑拆除后废件得以资源化利用的可能性,还有建筑整体的可拆除、可更换性。提高建筑部品利用效率、减少资源浪费是推行工业化建筑的宗旨之一,也是我国建筑业可持续发展的必由之路。

当建筑物在全寿命周期的9个阶段都能满足"9个化"的要求时,就标志着新型工业化建筑建造的实现。因此,新型工业化建筑建造的本质就是实现"9段9化"(沈祖炎、李元齐,2015)。

1.2 工业化建筑的分类及特点

本节主要介绍了工业化建筑的分类,可分为工厂—现场一体化管理模式和工厂—现场两阶段管理模式,并对两种模式下各单位的分工做了明确的阐述。之后,对工业化建筑的特点进行了详细的描述,包括设计标准化、部品构件工厂化生产、施工装配比和管理一体化,并将工业化建筑与传统建造模式进行对比,进一步了解工业化建筑。

1.2.1 工业化建筑的分类

工业化建筑实现了行业产品管理向一般产品管理的转变,形成了工厂—现场联动的生产管理方式。根据联动关系,工业化建筑生产管理模式可分为工厂—现场一体化管理模式与工厂—现场两阶段管理模式。

1. 工厂—现场一体化管理模式

工厂—现场一体化管理模式将建筑构件的工厂生产、现场装配施工工作纳入建筑业管理的模式(部件生产除外),如图1.1所示。

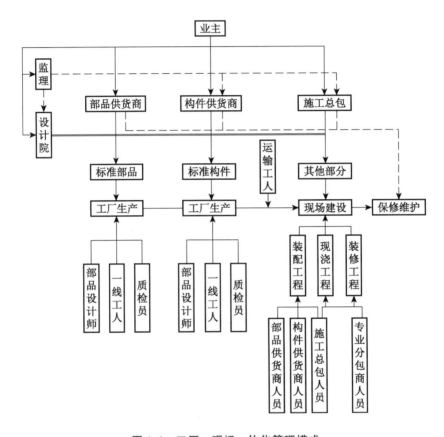

图 1.1 工厂—现场一体化管理模式

在此模式下,建筑设计部分、监理部分、部品供应部分、预制构件供应部分和现场施工部分都分别委托给相关的单位和产商(即设计单位、监理单位、部品供应商、构件供应商和施工总包单位)。其中设计单位根据通用图集、部品标准及构配件标准进行非参数化设计。监理单位根据委托的合同开展设计、设备和施工监理的工作。部品供应商则按照产品的质量管理准则,通过质检部门的审核与监督。构件供应商按照设计的图纸构配件要求进行生产,并由监理单位进行监督。构件质检合格并达到设计强度后,才能出厂。施工现场的部品和构配件由生产企业负责进行施工，施工单位则负责配合部品和构件供应商施工，并负责余下施工和所有分包商的管理，监理单位同时进行施工管理监督。竣工之后，所有企业应对各自的生产制品有保修承诺，并对出现的问题及时处理和调整。

工厂—现场一体化管理模式的优点是施工方总包协作，有利于工程的推进。同时构件供应商实行生产装配施工，也有利于专业化程度的提高，全过程的监理也为优良的工程提供了质量保证。缺点则是专业面覆盖广、协调难度大、工作量大，参与方责任分配不适当或不明确等。

2. 工厂—现场两阶段管理模式

工厂—现场两阶段管理模式是将工厂生产部品、构件作为一般产品管理，仅将施工现场部分纳入建筑业管理的模式，如图1.2所示。

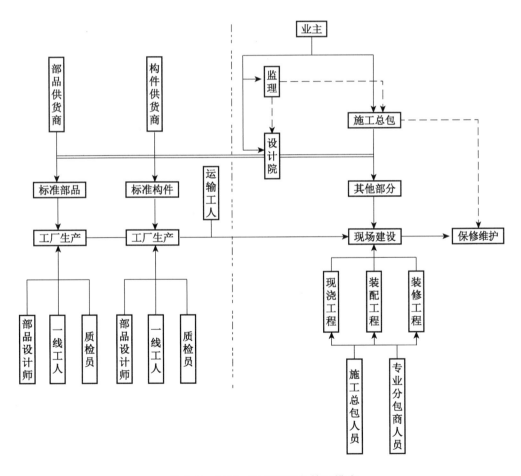

图 1.2　工厂—现场两阶段管理模式

该模式与工厂—现场一体化管理模式不同，业主分别将建筑设计部分、监理部分和现场施工部分委托给设计单位、监理单位和施工总包单位,同时管理各参建单位,但一般不与部品、构件供应商直接联系。同时设计单位依据通用图集、部品标准以及构件标准选用通用化程度高的构件进行非参数化设计。监理单位只进行设计监理和(或)施工监理工作。部品和构件供应商按照产品质量法管理,完全成为一般产品生产单位。施工现场中,施工方统一负责所有的现场施工工作,而部品供货商还有构配件供货商只作为供货商,不一定参与现场施工。竣工后,施工总包单位负竣工保修责任。

相较于工厂—现场一体化管理模式,工厂—现场两阶段管理模式更简单,界面更少,易于管理等。但同时也易出现部品及构件质量保证不到位、施工计划与运输计划衔接不恰当等问题。工厂—现场一体化管理模式适用于工业化建筑发展初期,而工厂—现场两阶段管理模式适用于工业化建筑发展的成熟期(徐友全、徐磊,2014)。

1.2.2 工业化建筑的特点

工业化建筑的突出特点是通过部品、构件的工厂生产实现设计施工一体化。建筑部品是指按照一定边界条件和配套技术,经工业化生产和现场组装而形成的建筑物某一部位的综合功能单元。建筑部品侧重使用功能,大多为具有几项功能的综合体,如整体厨房、整体卫浴。建筑构件是指组成建筑物某一结构的单元。建筑构件侧重结构功能,功能相比建筑部品较为单一,如梁、板、柱。建筑业的传统生产方式是设计阶段和施工阶段相互分离,设计单位根据工程勘察报告和设计任务书,依照相关标准规范进行建筑和结构设计与构件的拆分设计,拆分设计为工业化建筑极其重要的一环,利用BIM(建筑信息化模型)将各构件支解成工厂的生产制造图,施工单位根据施工图纸组织人员、材料、设备进行露天施工、手工作业完成建筑产品的生产。工业化建筑则将设计和施工作为一个整体考虑,进行标准化设计,在工厂内进行构件和部品生产,现场装配完成建筑产品生产。

1. 工业化建筑的特点

(1) 设计标准化

建筑设计阶段必须遵循特定的设计准则,通过协调模块化和建筑模数,使部品构件实现标准化。实现构件大规模生产的前提是标准化设计,将各生产构件拆分出来,并有效整合机电管线,则须BIM的应用。在部件标准化的同时还应尽量满足多种结构体系建筑的使用。另外,标准化与建筑样式的多样化并不矛盾,不应只注重标准化和模块化而忽视建筑多样化。

(2) 部品构件工厂化生产

新型工业化建筑最显著的特征是将建筑物的组成部分拆分后由工厂集中生产。标准件的设计遵循一定的规则,可以大规模生产的同时确保差异。新型工业化建筑不同于传统现场操作,在这种模式下,原本需要现场施工完成的工作转移到了工厂之中进行,这也是新型工业化建筑的主要内涵。这个过程使建筑的生产方式与新型工业化的要求相符合。

(3) 施工装配化

新型工业化建筑项目与传统建筑项目在施工阶段最大的区别在于,最大限度地避免了现场手工作业,而主要采用装配式施工技术,现场安装与拼接工厂中制作好的部品,最终形成建筑物的整体结构和各部分围护结构。

装配式施工技术的优点包括投入较少的劳动力,施工进度快并且施工精度高等。目前装配施工必须由专业的装配吊装队伍完成。这一过程要求有较高的施工机械化水平和专业工具设备的使用能力,对习惯了手工作业的队伍而言是全新的挑战,需要适应和学习。因此,传统建筑施工企业面临改革,只有提高管理能力和工人的操作水平,才能胜任工业化建造方式。

(4) 管理一体化

由于工业化建筑中的设计与后续各方面工作如制造和施工的关系都非常密切,必须通过一体化综合管理的方式来实现其技术经济效果。因此,国外比较成熟的适应工业化建筑发展要求的建筑企业往往朝着设计、制造与施工一体化的产业化集团模式发展,通过产业链上下游联合对新型工业化建筑的实施起主导作用。目前国内的一些企业已经开始尝试走综合发展的道路,但受制于政策、经验、市场等因素,现在还不是很成熟。但有些企业在面对新型工业化建筑的方向选择时,仅从自身成本考虑,变革的动力不足,使得新型工业化建设项目推进困难,这时就需要管理一体化的思维和模式来引导企业广泛参与进来(翟鹏,2015)。

2. 工业化建造方式和传统建造方式的对比

传统建造方式设计与建造分离,在设计阶段完成蓝图、扩初至施工图交底,设计工作即为完成,设计方案中并未考虑实际建造过程中所需的施工规范、施工技术等。工业化建造方式颠覆了传统建造方式,体现建筑全生命周期的概念,实现设计施工环节一体化,使设计环节成为关键,该环节不仅包含设计蓝图至施工图,还需要包含构配件标准、建造阶段的配套技术、建造规范等,在这种方式下,设计方案可作为构配件生产标准及施工装配的指导文件。传统建造模式与工业化建造方式的对比可见表1.1。

表1.1 传统建造方式与工业化建造方式的对比

	传统建造方式	工业化建造方式
建造特征	单个工程建设,施工阶段为主	预制构件拼装而成,构件生产标准化、规模化
组织协作	各阶段相对独立,协作水平要求低	一体化、集约化、协同化,各方协作要求高
机械设备	要求低,传统升降吊装设备	要求高,专门运输、吊装、装配设备
人员配备	施工人员多,协调人员少	协调人员多,施工人员少
信息技术	以传统施工图样为主要依据	相关图样结合BIM、RFID技术

与传统建造方式相比,工业化建造方式优势明显,主要表现在以下几个方面:

第一,显著提升劳动生产率。从建筑建造方案的设计开始,就遵循一定的标准,比如建筑物及构配件的标准化、材料的定型化等。这为大规模制造与施工打下了坚实的基础。构配件遵循设计标准能够实现工厂化的量产,而后短暂的现场装配和建造过程是工厂以机械化手段且配备一定技术工人操作完成的。

与传统的人手工作业对比,工业化建造能极大地提升建造效率。据资料显示,相较传统方式,发达经济体预制装配建造方式能提高30%以上的效率。目前标准层现浇混凝土剪力墙平均为9天/层(含外墙外保温装修),实行装配式剪力墙后可以将施工速度提升至约6天/层(外墙夹芯保温),缩短工期1/3至1/2。

第二,提升建筑质量,提高施工安全性。因为设备精良、工艺完善、技术工人操作熟练,工厂化预制生产的构配件的质量更容易控制,所以构配件生产有质量保障。对工业化预制装配式建筑设计研究表明,若采用现场粘贴外墙的装饰瓷砖,粘贴强度会受外界温度因素影响,耐久性难以保证;若采用预制挂板方式,通过预制混凝土粘贴瓷砖,粘贴强度会比现场操作高出3倍。建筑的抗震性也可体现工程建设的品质保障。精心设计和建造的预制装配式建筑,比现场浇筑的建筑抗震性要高出很多。据日本《JIA阪神地震报告书》显示,参照日本1981年耐震系数设计的建筑物,在阪神地震(1995年1月17日)过后统计结果如表1.2所示。

表 1.2 阪神地震各类型建筑损害比重

建筑类型	全倒	无损害
钢结构建筑	30%	35%
现浇混凝土结构建筑	5%	70%
预制混凝土结构建筑	0%	100%

但是传统建造方式因为大量劳务工长时间的手工作业,极易导致工程事故。据统计,因高空坠物、坍塌、触电等引发的工程事故在每年的建筑工程事故中占据很大比例。所以工厂配件化的程度越高,施工安全隐患的规避程度就越好。

第三,有利于环境保护和节能降耗,实现可持续发展。因为采用了工业化建筑的建造方式,将大量的现场施工工作转移为工厂预制,避免了传统建筑现场搭设支架、脚手架以及支模板的材料,减少建筑垃圾的产生,间接减少污水排放,降低施工噪音。

而在现阶段建筑模式下,建筑能耗占比并不理想,根据第二届房地产科学发展论坛数据,国内能耗 49.5% 用于民用建筑生产、建造过程。对比全球,在同等热舒适度的情况下,我国使用能耗高出同等气候发达国家 2～3 倍。预计在 2020 年建筑能耗占比占全社会终端能耗总比将超过 1/3。而工业化建筑能够推进建筑业走向低碳低能耗,并依此实现可持续发展。有学者对万科工业化实验楼建设过程的统计数据进行分析发现,相比于传统施工方式,运用工业化建筑方式,每平方米建筑面积的水耗降低 64.75%、能耗降低 37.15%、人工减少 47.35%、垃圾减少 58.89%、污水减少 64.75%,节能降耗效果显著。

第四,提升经济效益。经过大规模、标准化的生产,可以从劳务、材料、能耗等方面切入来减少建造所需的成本。例如与传统现浇技术相比,采用新型工业化建造方式,有以下几个优点:①节约至少 10% 的工程造价,缩短 30% 以上的工期,节约 80% 左右的周转材料。②节约时间成本。通过建筑部品及构配件生产的标准化与机械化,能极大地节约现场施工装配的时间,从而为建筑方、生产商带来可观的时间价值。③节约运行及维护的成本。工业化建筑生产建造能改善建筑质量,使得建筑物具有很好的耐久性和可供改造性,能一定程度上降低业主运行及维护的成本。所以说,从整个建筑生命周期来看,新型工业化建筑模式能够以低成本建造高品质建筑,全面地提升建筑物的性价比(贺灵童、陈艳,2013)。

第五,推动工程管理体制的改革。新型工业化建筑的推进,对于工程建设管理领域的设计、招投标、构件生产和现场施工管理模式来说,将会发生根本性的转变。这些转变将会促使建筑行业产业链的优化整合,促进建筑企业不断改革创新,提高企业核心竞争力,进而推动建设管理一体化进程(翟鹏,2015)。

1.3 工业化建筑工程总承包管理模式

近年来,政府推进工业化建筑进程取得良好成效,但仍存在诸多不利因素影响现行的建筑行业管理制度。现行的建筑业管理制度缺乏设计、生产及施工一体化的经营模式的推广机制,对于设计、生产及施工仍实行分开管理,致使工业化建筑推广面临诸多困难(齐宝库、张阳,2015)。叶浩文认为"EPC 五化一体"全产业链协同发展的创新管理模式的推广受阻,开发商仍沿用传统项目管理模式,设计、生产、施工、运维等多个环节和专业难以有效协同的问题不能得到明显解决,严重影响了新型工业化建筑优势的发挥(叶浩文,2016)。通过解释结构模型对工业化建筑的发展障碍,张连营等认为当前工业化建筑与传统工艺和管理方式之间均存在明显的不匹配情况。预制构件工厂化生产的实现,使传统的现场施工方式转变为预制构件的工厂预制和现场吊装施工。而对施工企业而言,挑战仍存在于构件预制和安装方面,这在很大程度上阻碍了工业化建筑的发展(张连营、郑宏亚,2016)。工业化建筑的突出转变体现在施工和生产方式上,这对承包企业在施工技术和管理方式上提出了更高要求。工业化建筑的标准化设计、工厂化生产和机械化安装等特点使得工业化建筑项目中设计—生产—施工之间的联系相比传统建造方式更为密切,对各参与方之间的协作能力提出更高要求。因此,在 EPC 项目管理模式的基础之上并应用较为成熟的 BIM、RFID(无线射频识别)等技术,构建了适合工业化建筑的工程总承包管理模式,包括设计、生产、施工、运营维护以及管理,以减少项目各方的沟通障碍,有利于业主对项目具体情况的把握。

1.3.1 设计阶段

设计单位在建设项目的设计阶段应发挥主导作用,同时工程总承包商应在设计单位和构件生产单位及施工单位之间起到管理协调作用,业主的主要工作是在关键节点进行审核把控。对于工程总承包商来讲,应当建立针对建设项目的 BIM 信息中心,在项目全寿命周期内要求各方将相关信息在该平台共享,自身负责 BIM 平台的运营及维护。在获得业主许可后,设计单位继续在 BIM 平台上进行方案的初步设计和初步扩充设计。在此阶段,总承包商应满足业主提出的需求,对设计单位的设计成果进行审核。在进行施工图设计时,总承包商应保证设计单位开展施工图设计时有构件生产单位的构件设计人员协助,以减少在深化设计环节由于对预制构件的拆分而引起的施工图设计的变更等。

同时,在设计过程中,总承包商需要运用 BIM 软件中设计冲突检查等功能对设计单位的设计成果进行分析整理,以减少在施工过程中出现冲突碰撞等问题,并有效解决机电管线的排列与冲突问题。施工图设计完成后,设计阶段剩余的构件拆分设计及相关的模具设计由构件生产企业负责。总承包商仍应安排设计单位作为指导单位辅助构件生产企业进行设计及最终审核,检查构件拆分设计是否满足设计规范。施工单位也应对相关构件拆分设计成果提出可能存在的问题,并与构件生产企业合作,还应与原设计单位一起进行构件在吊装安装完成后的一系列支撑和维护结构的设计等。

1.3.2 生产阶段

建筑结构部件的工厂化生产是工业化建筑和传统建造方式的关键区别,颠覆了传统建造方式中建筑结构部件的现场浇筑的做法。工程总承包的管理模式要求工程总承包商负责预制构件的采购和质量控制,业主只需对预制构件的型号、标准等提出要求。在采购的预制构件的生产过程中,总承包商应植入 RFID 或 Qr-code(矩阵二维码)标签,并将构件标签信息接入 BIM 平台,对预制构件的运输、存储、施工吊装过程进行实时管理。工程总承包商还应负责设计单位在构件生产过程中出现的因设计缺陷而造成的相关问题的协助解决工作。预制构件的工厂生产和工地的施工安装需要按照一定的节奏同步进行。因此,总承包商通过 RFID 或 Qr-code 等技术对施工现场预制构件安装的进度进行实时把控,出现问题及时解决。这可以帮助预制构件生产厂商根据施工进度调整相关构件生产的速度,同时帮助构件运输单位科学安排构件运输时间,满足施工场地安装的需要。

1.3.3 施工阶段

预制构件的安装与固定以及在预制构件的拼装部位进行混凝土现场浇筑加固等操作是施工阶段的主要工作。在实际操作前,总承包商和施工单位在 BIM 平台上预先对施工过程进行模拟,预测施工过程中可能出现的差错和确定易出现问题的节点,在实际施工中进行针对性的预防。预制构件的起吊安装需要具有专业技术的吊装技术人员进行机械操作。因此,工程总承包商在进行施工之前可以寻找具有专业承包资质的分包商进行构件吊装,或者安排给具备吊装安装能力的施工单位。同样的,吊装后的构件装配工作,工程总承包商应指派构件生产企业专门的技术人员协助施工单位进行安装,以应对安装过程中孔洞连接错位以及构件预埋管线偏移、脱落等问题。构件在装配完成前后还需要相关的校正和支撑固定,防止构件在连接部位灌浆凝固前出现倾斜、倒塌等安全隐患。在进行构件支撑固定时,构件生产企业应提供专门用于预制构件固定的支撑结构并与施工单位相互协作完成构件的支撑固定。构件支撑结构搭接完成后,BIM平台监测到植入标签的预制构件反馈的跟踪信息可以确定工程情况,制定施工单位和构件生产企业对构件的日常养护和模具拆除等相关工作方案。

1.3.4 运营维护阶段

项目的运营与维护主要由物业公司负责。业主应事先与工程总承包商协定在项目完工后成立专门的售后服务小组负责解决物业公司呈报的项目在运营过程中出现的若干问题。工程总承包商既要有懂得相关预制构件知识的技术人员,也要有具备相应能力的施工人员,从而组成具有专业素养的售后服务小组(刘贵文、郭攀,2016)。

1.3.5 管理模式

构件预制化生产、施工装配化的生产方式弱化了建筑产品不可移动的特殊属性,可以对建筑产品生产进行更大程度上的规范,有利于简化管理模式、加强质量监管、明确质量责任、提高质量水平。建筑部品、构件工厂化生产、现场装配施工的生产方式促成了工厂—现场联动的生产管理的形成。根据联动关系,可分为工厂—现场一体化管理模式与工厂—现场两阶段管理模式。只有建立适当的管理模式,才能发挥其高效、节能的优势。我国工业化建筑正处于发展初期,相应管理制度多具有临时性质且在不同省市之间差异较大,须构建一套完善的制度体系以保证工业化管理模式顺利推行,促进工业化建筑的发展(徐友全、徐磊,2014)。工业化建筑是建筑业生产方式的重大变革,建筑部品和构件的社会化生产和商品化供应,要求实现建筑产品管理向一般产品的管理转变。

1.4 工业化建筑的发展历程

工业化建筑的初步思想最早成形于20世纪20～30年代的欧洲,主要在第二次世界大战后的世界各国迅速发展起来。为了解决二战之后住房紧缺及劳动力匮乏的问题,欧洲大多数国家便逐步开始尝试采用工业化装配的生产方式来建造房屋。当时在政府的大力支持下,欧洲大量的以预制体系为特征的工业化住宅逐渐发展起来,并且成为工业化建筑的先导。经过半个多世纪的发展,国外发达国家和地区工业化建筑的发展不断深入,工业化建筑的体系也日趋完善。工业化建筑已经成为推动这些国家和地区建筑业产业升级、技术进步的纽带。本节主要对国内外工业化建筑的发展情况进行阐述,并且总结出目前我国工业化建筑存在的一些问题。

1.4.1 工业化建筑的国际发展

工业化建筑最早出现在二战后的欧洲国家,为了解决当时大量缺乏住房与劳动力的问题,它的基本途径是通过推行建筑标准化设计、构配件工厂化生产、现场装配式施工。作为一种新的大幅提高劳动生产率的房屋建造生产方式,为战后住房的快速重建提供了保障。这种预制装配式建造方式与传统建造方式相比生产效率显著提高,随后美国、日本、苏联、中国及新加坡等国家也相继致力于工业化建筑的研究与发展(贺灵童、陈艳,2013)。

从工业化建筑的发展历程来看,大致经历了三个阶段:第一阶段是工业化形成的初期阶段,解决的重点是建立工业化生产、建造体系;第二阶段是工业化的发展期,解决的重点是提高质量和性价比;第三阶段是工业化发展的成熟期,重点是进一步降低建筑物的物耗和环境负荷,发展资源循环型建筑(杨仕文、徐霞、王森,2016)。

工业化建筑的突出优点是效率高、环境污染低、能源消耗少、产品质量高等。目前发达国家,如日本、美国、新加坡、瑞典,在法律法规、政府作用、市场力量、技术进步等方面都具有比较成熟的应用工业化建筑的经验,我国在推广工业化建筑的过程中可以借鉴国外的经验。

1.4.2 我国建筑业的阶段性发展

新中国成立以后,我国的工业化建筑才逐步发展起来。根据我国所处的历史时期、国家经济的发展和住房制度的改革、城市化进程的加快和住宅业的发展等变化,可以将我国工业化建筑的发展分为以下几个阶段：

1. 工业化建筑的提出(20世纪50年代后期)

1956年5月,国务院印发《关于加强和发展建筑工业的决定》首次提出实行工业化建筑,具体说明尽快实现建筑业机械化、工业化施工,完成对建筑工业的技术改造的思路,逐渐过渡到工业化建筑。同年,为配合工业化建筑的推进,国务院出台《关于加强设计工作的决定》,对设计工作的发展进行了部署。文件指出：加速开展建筑结构和配件的标准化工作,可以缩短设计时间,加速项目建设进度,实现建设资金的节余,为工业化建筑提供条件。

当时发达国家工业化建筑的进程已取得了初步成效,根据其先进经验,我国要实现工业化建筑也应当将重点放在发展设计的标准化,因此,国务院要求各部委编制工业和民用建筑主要结构和配件的设计标准。在1956年至1957年间,建筑工程部各工业部铁道、交通、水利等各部分别编制完成了工业建筑通用的设计标准以及本部门专业的设计标准；由国家建委组织各相关部门,编制照明、采暖等技术规范和现阶段还未编制的各种预算定额,并提出对已有预算体系的简化方法。各相关部门也编制了各自所需的专业技术规范。这些标准设计和规范编制的完成,为我国工业化建筑的发展打下了坚实的基础。

2. 工业化建筑曲折行进(20世纪60年代至70年代中期)

"大跃进"不仅严重影响了国民经济的发展,造成人民生活质量的下降,而且对工业化建筑的发展也产生了非常明显的影响。但在这一时期,北京市首先对砌块和装配式大板住宅体系进行了试验,工业化建筑进程在曲折中行进。随后进入国民经济调整时期,福利住房体制进一步形成,工业化建筑建设开始重视人民实际住宅需求,对民用建筑如何实现工业化进行了初步探索。1966年至1976年"文革"期间,国民经济停滞不前,我国工业化建筑处于搁浅状态。值得欣慰的是,江苏建科院、广西建筑科学研究所等建筑研究机构开始研究和推广混凝土空心大板住宅工艺,这种工艺的装配化程度较高,并取得了较大的成就,奠定了工业化建筑从工业转向民用项目的基础。

3. 工业化建筑蓬勃发展(20世纪70年代后期至80年代中期)

1978年以来,国家开始积极探索全面推行工业化建筑。原国家建委明确提出"建筑工业化即通过大工业生产方式来完成工业和民用建筑的建造",并提出以建筑设计标准化、构件生产工厂化、施工机械化和墙体改革为核心的"三化一改"的途径发展工业化建筑,并且明确在常州、南宁试点。1981年,在全国范围内对工业化建筑的发展进行了经验交流与学术讨论,充分肯定了工业化建筑方向,全面总结了70年代后半期以来发展工业化建筑的成效和经验。随后,我国工业化建筑的试点工作主要为墙体改革,且以大板建筑为重点,改革了一系列的管理体制、设计标准等,这些改革取得了显著成效,并为工业化建筑的发展积累了宝贵的经验。

4. 工业化建筑暂时停滞(20世纪80年代后期至90年代初期)

1985年开始,我国对城市经济体制、城镇住房制度进行改革,并实行提租补贴,使得房地产快速发展,城市住宅小区的试点工作也得以迅速展开。在商品房开发过程中居住环境和设计等是重点。但是在这一时期我国工业化建筑水平较低,技术基础也比较弱,工业化建筑产品无法满足人民对质量的需要,工业化建筑数量也在不断减少。以预制大板体系建筑为例,1983年在全国竣工面积为136万平方米,而到1991年仅降至几千平方米。到90年代初期,我国工业化建筑的发展和研究基本完全停滞,导致工业化建筑相关企业破产倒闭,亏损严重。

5. 工业化建筑重现活力(20世纪90年代中期至今)

90年代中期提出小康社会建设,我国对国内外工业化建筑发展的不同模式进行对比,并在此基础上总结经验,吸取教训,同时指出我国今后建筑业发展的重心仍旧是工业化建筑。近几年,房地产市场不断形成和发展,我国工业化建筑也逐步向大规模住宅工业化生产的方向发展,而住宅开发则开始向工业集成化靠近。因此,住宅产业化是我国建筑业发展的重点内容,也是工业化建筑的主要内容和必要延伸(王珊珊,2014)。

1.4.3 我国工业化建筑的发展现状

在20世纪50年代,我国就已经利用预制混凝土的结构特点和优势,研究并推广其在工业、民用建筑中的应用,但是因为当时构件生产以及施工方式等方面的各种问题的出现,我国预制混凝土结构的使用量在90年代以后迅速减少。21世纪,我国城镇化和现代化进程的加快,给生态环境方面造成了巨大的破坏,再加之如今人口红利时代的过去、劳动力成本上升等问题,进一步阻碍了我国建筑业的发展。2002年,"新型工业化"的提出为工业化建筑提出了更明朗的发展方向——以信息化带动的科技含量高、经济效益好的发展。十六大指出基本实现工业化是 20 世纪前 20 年我国重要的工作之一；2007 年十七大报告进一步指出，新型工业化不应以消耗物质资源的增加为特征，必须实现资源的节约化。2012 年十八大更进一步指出，工业化的发展应当与城镇化、信息化、农业现代化相结合。各地政府也致力于出台各类政策性文件，住建部等也在不断研究发展新工艺并建立工业化建筑试点。

1. 政策现状

近年来，国务院和住建部更加重视对工业化建筑发展的推进和引导，连续出台了多项政策文件，如《关于推进住宅产业现代化，提高住宅质量的若干意见》《建筑工业化发展纲要》，规定了住宅产业化基地建立的指导思想、申报、批准等内容，希望通过产业化基地的发展方式，大力发展成套的住宅产业化技术与建筑体系，从而达到节约能源的目的，满足城乡居民的需要。各地方政府也积极出台政策文件支持新型工业化建筑的发展（表 1.3）。

表 1.3 各地区或城市工业化建筑相关政策文件

地区或城市	相关文件
北京	《关于推进本市住宅产业化的指导意见》 《关于产业化住宅项目实施面积奖励等优惠措施的暂行办法》 《北京市住宅产业化专家委员会管理办法》 《北京市产业化住宅部品使用管理办法（试行）》 《北京市住宅产业化工作联席会议制度》
上海	《关于"十二五"期间加快推进住宅产业现代化发展节能省地型住宅的指导意见》 《关于本市鼓励装配整体式住宅项目建设的暂行办法》 《上海市保障性住房建设导则》
沈阳	《关于加快推进现代建筑产业化发展的实施意见》 《沈阳市推进装配式建筑工程建设暂行办法》 《关于打造沈阳市现代建筑产业为千亿产值支柱产业可行性研究》 《沈阳市现代建筑产业化"十二五"发展规划》
深圳	《关于推进住宅产业现代化的行动方案》 《关于推进住宅产业现代化的若干意见》 《深圳市建筑废弃物减排与利用条例》 《深圳市既有建筑节能改造实施方案》 《深圳市保障性住房条例》
江苏	《江苏省建筑工业化发展条例（试行）》 《〈江苏省住宅产业化优选部品与产品〉征选实施办法》

续表 1.3

地区或城市	相关文件
济南	《济南市人民政府办公厅关于促进住宅产业化发展的指导意见》
宁夏	《关于进一步推进住宅产业现代化提高住宅品质的意见》 《宁夏住宅部品与产品认证管理办法》
浙江	《浙江省人民政府办公厅关于推进新型建筑工业化的意见》
重庆	《加快推进我市建筑产业化的指导意见》
河北	《关于推进全省住宅产业化工作的意见》

2. 技术现状

2006 年 4 月，我国行业标准《装配式混凝土结构技术规程》开始编制，2014 年正式发布，建立了统一的装配式混凝土结构技术标准。《装配式混凝土结构技术规程》对预制构件受力钢筋连接设计、预制构件与现浇混凝土的结合面设计、装配式框架结构设计、装配式剪力墙结构设计等关键技术进行了详细说明。此外，为推进新型工业化，各地方政府也编制了技术标准和规程，详见表 1.4。

表 1.4 各地区或城市工业化建筑相关标准文件

地区或城市	相关文件
北京	《北京市混凝土结构产业化住宅技术管理要点》 《北京市公共租赁住房建设技术导则(试行)》 《混凝土构件质量验收标准》 《装配式混凝土施工规范》 《产业化住宅设计规范》
深圳	《住宅产业化模数协调标准》 《预制装配整体式钢筋混凝土结构技术规范》 《住宅产业化生产及运输标准》 《住宅工业化装配施工及验收标准》
重庆	《成品住宅装修工程技术规程》 《成品住宅装修工程质量验收规范》 《重庆市保障性住房装修设计标准》
辽宁	《装配整体式混凝土技术规程(暂行)》 《预制混凝土构件制作与验收规程(暂行)》
沈阳	《装配整体式混凝土构件生产和施工技术规范(暂行)》
上海	《装配整体式混凝土住宅体系设计规程》

续表 1.4

地区或城市	相关文件
江苏	《装配整体式混凝土框架结构技术规程》 《预制装配整体式剪力墙结构体系技术规程》
宁夏	《成品住宅套内装修标准》
黑龙江	《预制装配整体式房屋混凝土剪力墙结构技术规范》

3. 试点现状

2001年,住建部批准建立"国家住宅产业化基地",并于2006年开始试运行,希望借助产业化基地加强科研攻关,形成技术创新体系,发展新型工业化住宅建筑体系。住宅产业化基地负责相关标准规范的编制工作以及相应政策的研究工作,对推广应用产业化基地的先进技术和成果进行支持和引导,最终形成从研发到应用的寿命周期相互促进的市场推进机制。截至2017年,我国住宅产业化基地已经达到47家。

总之,我国工业化在逐步发展为新型工业化,同时工业化建筑也开始向新型工业化建筑过渡。在项目建设的全寿命周期内,从项目立项到维护运营的各阶段,以建筑设计标准化、构件部品生产工厂化、建造施工装配化和生产经营信息化为特征,形成集成的生产及信息技术,建设建筑产品能耗、环保、全寿命周期价值最大化的可持续发展的建筑(王珊珊,2014)。总的来讲,新技术、信息化和可持续发展是新型工业化建筑的发展方向。为推进新型工业化建筑,各级政府主管部门、各大建筑企业、工程技术人员、专家学者等都在不断探索。

1.4.4 我国工业化建筑存在的问题

虽然我国对工业化建筑展开了各方面的工作,在对装配整体式住宅的研究和应用上取得了一定的进步,但是在总体上我国仍然处在起步阶段。我们需要对比国内外工业化建筑发展的现状与差别,认清与发达国家的差距,学习国外在这方面的经验和技术,从而进一步发展我国的工业化建筑。目前,我国工业化建筑在以下几个主要层面还存在很多问题:

1. 技术层面

技术标准是工业标准化的重要前提和基础,也是实行工业化建筑的通用技术性文件。工业化建筑比较发达的国家都会有一整套的标准体系做支撑。而到目前为止,我国新型工业化建筑领域的国家标准几乎空白,地方标准也不齐全,无法为我国新型工业化建筑的推进提供强有力的支撑(王珊珊,2014)。

工业化建筑标准体系建设工作的滞后,导致出现部品通用化程度低、配套性及通用性差、建筑与部品的模数难以协调等问题。同样,在施工企业的技术装配水平及装配式构件的施工能力,以及使用阶段物业公司对工业化产品的维护管理等方面仍然存在能力不足的问题(孙凌志、王克青,2013)。

粗放型建设仍然占很大比重,科技贡献率较低。传统陈旧的技术还在被大量采用,先进的技术及技术革新往往因为建设中的短期行为而被排除在外。按照国际通行说法,科技进步对产业的贡献率超过50%才能算是集约内涵型发展的产业。而我国目前科技进步对产业发展的贡献率却不到30%。节电、节能、节水等先进环保技术尚不能有效地得以推广,新材料、新部品的优越性没能充分发挥。

2. 政策层面

法律制度的完善是工业化建筑顺利实施的保证,也是引导和规范各相关单位为工业化建筑多做贡献的有力工具。现阶段,尽管我国不断加强对工业化建筑的重视程度,并积极制定相关的标准和政策,但到目前为止并没有全国范围统一认定的标准,各地方制定的政策和标准也有大大小小的差异。

政策方面的欠缺致使技术、人才等方面工业化建筑的推动力量不足。2011年,上海市制定了《关于"十二五"期间加快推进住宅产业现代化发展节能省地型住宅的指导意见》,同时指出了以保障性住房的建设为重点推动工业化建筑的发展;我国的房地产公司万科率先试水工业化建筑,从企业层面推进工业化发展。但是这些达不到一定的规模,与国外市场推进工业化建筑的规模相比还有很大的差距(亓霞、李洁、束晓东,2015)。在发展工业化的进程中,虽然政府在科研、成立和组织科研中心、研发新技术和新产品、培训工业化建筑的新型产业人才等方面加大投入,但与国外仍有一定差距,我国建筑从业工人大多是农民工,专业水平比较低,单纯靠简单的体力劳动去从事建筑生产,没有形成产业工人(江淮,2015)。

3. 生产层面

工业化建筑用大工业生产方式替代传统建筑手工业生产,在逐步转变的过程中,虽然建筑业机械化水平不断增强,机械装备率、机械使用率不断增加,但与制造业相比机械化程度还很低,短期之内想要实现大规模的装配式生产还比较困难。生产各阶段之间的协调还不够,设计、制造和安装之间的沟通不足很容易影响工程的成本、工期与质量。

4. 成本层面

大规模工业化生产能够提高劳动效率，减少成本。而且，工业化建筑产品在全寿命周期内能够减少温室气体的排放，产生良好的社会效益。但目前，新型建筑结构体系还在摸索阶段，还达不到大规模工业化生产的要求，使得建筑的成本偏高。另外，为了进行工业化研究，前期需要大量研究开发、流水线建设等资金投入，总的来说前期投入巨大，但回收相对较慢。在我国，增值税税率为17%，使得工业化产品的建设成本偏高，降低了建筑企业的积极性。最终甚至出现工业化建筑的最大受益者是全社会，但建设方和使用方却不能因此得到补偿的情形。

第2章
工业化建筑的政策及标准

新中国成立以来,我国有关主管部门曾多次对工业化建筑提出指导方针。1956年,国务院发布《关于加强和发展建筑工业的决定》,最早提出建筑的技术改造要实现工业化,从建筑技术工业的改造向工业化建筑发展。1978年,国家基本建设委员会正式提出,工业化建筑以"三化一改"为重点。1995年,建设部印发了《建筑工业化发展纲要》,强调工业化建筑是我国建筑业的发展方向。2013年1月1日,国务院发布《绿色建筑行动方案》,明确提出要求:"推广适合工业化生产的预制装配式混凝土、钢结构等建筑体系,加快发展建设工程的预制和装配技术,提高工业化建筑技术集成水平。"2016年2月,国务院在国发〔2016〕8号文件《关于深入推进新型城镇化建设的若干意见》中提出"积极推广应用绿色新型建材、装配式建筑和钢结构建筑"。近60年来,国家对工业化建筑的政策不断变化与创新,在学习国外工业化建筑发展经验的基础上,形成自己的特色。本章主要对国家在工业化建筑方面提出的政策进行分类阐述,帮助读者更好地了解政策的变化。

2.1 企业鼓励政策

纵观中国工业化建筑政策的发展历程,相关的政策由最初的强制性的标准设计、施工技术等的国内工业化建筑技术的要求,借鉴并学习国外发达国家工业化建筑的政策,逐步转向借助经济手段的支持和促进工业化建筑技术的进一步发展。进而提出一些奖励性的给予优惠的激励政策,通过审批流程的支持、容积率奖励、土地的优惠政策以及给予信贷方面等众多鼓励政策,激励企业通过工业化建筑的方式来对建筑业和房地产业的发展进行产业升级,鼓励企业加大研发投入,在技术上不断寻求突破,生产有益于整个生态环境和谐发展的更加绿色环保的建筑。另外,考虑到市场中企业的参与性,通过奖励性政策的方式将市场中多方的参与者联系起来,共同推进工业化建筑的进一步发展(晋慧,2016)。

因此,国家和各地政府出台一系列政策激励工业化建筑推行,如表 2.1 所示。各地根据本地情况制定出适合当地发展的政策与扶持方案,以下是对各地方不同政策的比较分析。

表 2.1 国家和地方出台的一些企业鼓励政策

编号	事件时间	政策事件	发文单位	简要概述
1	1999.8.20	《关于推进住宅产业现代化提高住宅质量若干意见的通知》(国办发〔1999〕72号)	国务院办公厅	为推进住宅产业化,提高住宅质量,以经济适用房为重点,二、三层小型住宅为主,鼓励技术和材料创新,通过价格、税收、信贷等经济杠杆,鼓励经济型的住宅的生产,对于规划水平高、质量好、科技含量高的住宅小区开发单位予以表彰
2	2009.2.10	《关于进一步推进全区住宅产业化工作的意见》	宁夏回族自治区建设厅	各市县对于参与住宅性能认定的项目给予政策支持,在城市基础设施配套费用管理上予以适当的减免;经过认定符合标准的新型墙体材料,按照专项基金的85%返还;住宅性能取得认定等级的,对房地产开发企业予以信用等级评定加分
3	2010.3.8	《关于推进本市住宅产业化的指导意见》(京建发〔2010〕125号)	北京市住建委、发改委	鼓励规模较大、技术能力较强的构件厂更新生产线;鼓励传统的企业向部品生产企业转型;审批通过的产业化建设企业给予面积奖励政策,受奖励部分的建筑面积,可给予适当的优惠政策
4	2011.12.14	《安徽省住宅产业现代化"十二五"发展规划》	安徽省住房和城乡建设厅	利用可再生能源示范项目补贴基金、墙体及散装水泥基金,申请住宅产业现代化发展专项引导资金,出台省级地方节能环保型住宅建设试点项目扶持政策,给予面积奖励;对积极开展住宅产业现代化的企业在融资、土地供给、税收等方面提供优惠政策
5	2015.3.3	《关于推进住宅产业现代化的指导意见》	河北省人民政府	对于符合住宅产业化条件的企业可享受战略新型产业、高新技术产业、创新性企业的政策性扶持,加大信贷支持力度,给予面积奖励,报建手续开辟绿色通道

2.1.1 资金补助

利用政策设置在资金上给予企业奖励补助,极大地调动了企业的积极性。由此,企业便会更加积极地采用工业化建筑生产模式,争取达到相应政策的资金补助标准。财政奖励不仅能让企业获得资金支持,而且能使获得奖励的项目起到有效的带头示范作用。政策上给予一定的补贴,在一定程度上能够节约企业成本、鼓励企业进行建筑技术研发、投入资金,提高行业的技术水平。采取新型的建筑方式,有利于促进地区产业的发展和结构的优化,在促进工业化建筑发展的同时对于当地的经济发展也能产生推动作用(晋慧,2016)。

深圳:达到国家绿色建筑三星级标识的项目,对该项目费用的评价标识提供全部费用支持。达到评价标识的项目,可以享受国家和本市的资金帮助。

陕西:二星级以上的绿色建筑高于30%,两年内建筑面积大于200万平方米的绿色生态城区,国家在资金上给予支持,补贴标准为5 000万元;建筑面积在100万～200万平方米内的绿色生态城区,除国家奖励政策之外,还可以获得省财政奖励的100万元资金。

广东:绿色建筑技术开发和评价标识制度制定等工作提供相应资金支持,对获得国家、省级评价标识的绿色建筑给予补助。

山东:达到"绿色建筑设计标识"的项目,可获得对应星级30%的奖励资金;项目达到"绿色建筑评价标识",可获得剩余40%的奖励资助。

2.1.2 金融优惠

对符合政策要求的延长还贷期限、下调贷款利率,可以缓解企业和消费者的经济压力。对达到标准的企业增值税等给予优惠,调整税收标准,整合税收项目,避免重复收税。贷款利率优惠政策,不但可以让开发商缓解贷款压力,调动开发商采用建筑产业化的积极性,也可以刺激广大消费者来购买工业化建筑的房屋。

在国家颁布政策号召推进工业化建筑进程的同时,各省(直辖市)也相继出台了关于工业化建筑(建筑现代产业化)的政策,同时,对于本地的建筑业和房地产业,各地的政府积极给予相关企业财政补贴、土地优惠、税收优惠、融资渠道支持等扶持措施。省市级政策相对于国家级政策,内容更加详细具体,要求也更加细化(晋慧,2016)。

浙江:研究新型工业化建筑新技术、新产品、新工艺所需资金,按照规定可以在计算应纳税所得额时加计扣除。企业在提供建筑业务的同时销售自产部品构件,对部品构件销售收入征收增值税,符合政策条件的给予税收优惠。对在新型工业化建筑项目中使用预制的墙体部分,经相关部门认定,视为新型墙体材料,可优先返还预缴的新型墙体材料专项资金和散装水泥专项资金。

2.1.3 土地及建筑面积政策

建筑若采用工业化建筑生产模式,即可享受在建筑面积上的优惠。如地方政策中建筑外墙等不计入容积率,在同等土地面积上可获得更多建筑面积,可以增加销售收益,降低总成本。

沈阳:采用装配式建筑技术的建筑,在办理规划审批时,其外墙预制部分建筑面积不计入成交地块容积率计算。

上海:预制外墙和叠合外墙的预制部分可以不计入建筑面积,但不能超过装配式住宅的单体面积规划之和的3%。

浙江:申请采用新型工业化建筑方式建设的项目,预制外墙、叠合外墙墙体预制部分的建筑面积不计入容积率,但是不超过实施新型工业化建筑的各单体面积规划之和的3%。

2.1.4 技术培训

为提高并强化相关人员的技术能力,各省市开展免费培训课。聘请专家在高校对在校生提供专业和实际知识的讲解,培养专业人才。如济南工程职业技术学院和万斯达联合成立万斯达学院,校企之间相互合作培养建筑产业化技术和管理人才。该学院借助万斯达国家级住宅产业化基地和工程学院"济南市建筑产业化基地"平台,强强联手,对校、企、行联合办学的混合所有制模式进行初步探索,万斯达学院也因此成为国内首家高职院校校企合作建筑产业化人才培训学院。

各省先后设立了试点城市,试行工业化建筑的建造模式,如沈阳、合肥等在我国率先发展工业化建筑。各地政府部门积极协调并出台扶持政策,建立健全工作推进机制,形成了高位推动的政策环境。国家也加大对课题研究的投入,陆续形成成果,技术支撑逐步强化,带动了相关工业化建筑企业发展,并在一些示范项目中取得了一定的效果。在政府的激励与扶持下,试点城市的龙头企业迅速壮大,目前已经形成了一定规模的工业化建筑产业园区(尹新新、赵永生,2015)。

2.2 消费者的补贴政策

金融优惠政策,不仅可以缓解企业的经济压力,也能够缓解消费者的经济压力,刺激消费者购买工业化建筑的房屋,有利于推动工业化建筑的发展与推广。各地对购买工业化建筑房屋的消费者的优惠程度不同,详见表 2.2(尹新新、赵永生,2015)。

表 2.2　部分地区提供的金融优惠政策

省(市)	金融优惠政策
沈阳	激励消费者购买建筑产业化的商品房,购买预制装配式住宅,公积金贷款首付比例 20%
安徽	激励消费者购买建筑产业化的商品住宅,贷款利率下调 0.5%,对开发商下调 1%
厦门	给予绿色建筑购买者一定比例的契税返还,对购买二星级绿色建筑商品住房的业主给予返还 20% 契税的奖励,购买三星级绿色建筑商品住房的业主给予返还 40% 契税的奖励

2.3　工程造价改革政策

工业化建筑的建造模式在很多方面都优于传统建造模式,如生产率高、工期短、清洁绿色、建筑使用寿命周期长。但在很多方面也存在着问题,如造价成本高(尹新新、赵永生,2015)。降低工程造价非常重要,不仅能够减少企业的成本,而且能够减少消费者的购房费用,目前可通过两种方式降低工程造价。

一方面,在宏观上建立一个完整的工程造价体系并且规范化运行。如《住房城乡建设部关于推进建筑业发展和改革的若干意见》中,建立统一开放的建筑市场体系部分的第九条,是建立与市场经济相适应的工程造价体系。逐步统一各行业、各地区的工程计价规则,服务建筑市场。健全工程量清单和定额体系,满足建设工程全过程不同设计深度、不同复杂程度、多种承包方式的计价需要。全面推行清单计价制度,建立与市场相适应的定额管理机制,构建多元化的工程造价信息服务方式,清理调整与市场不符的各类计价依据,充分发挥造价咨询企业等第三方专业服务企业的作用,为市场决定工程造价提供保障。建立国家工程造价数据库,发布指标指数,提升造价信息服务。推行工程造价全过程咨询服务,强化国有投资工程造价监管。《国务院办公厅关于促进建筑业持续健康发展的意见》(国办发〔2017〕19 号)在优化市场环境部分提出要规范工程价款结算。审计机关应依法加强对以政府投资为主的公共工程建设项目的审计监督,建设单位不得将未完成审计作为延期工程结算、拖欠工程款的理由。未完成竣工结算的项目,有关部门不予办理产权登记。对长期拖欠工程款的单位不得批准新项目开工。严格执行工程预付款制度,及时按合同约定足额向承包单位支付预付款。通过工程款支付担保等经济、法律手段约束建设单位履约行为,预防拖欠工程款。

另一方面,通过出台土地及建筑面积优惠政策,降低企业的成本。采用工业化建筑生产模式的建筑可以享受在建筑面积上的优惠,如地方政策建筑外墙等不计入容积率,在同等土地面积上可获得更多建筑面积,可以增加销售收益、使总成本降低(尹新新、赵永生,2015)。

2.4 绿色建材政策

在我国工业化建筑发展政策变迁过程中,最早有关绿色建筑的政策是2013年1月1日国务院发布的《绿色建筑行动方案》,其中明确要求:"推广适合工业化生产的预制装配式混凝土、钢结构等建筑体系,加快发展建设工程的预制和装配技术,提高建筑工业化技术集成水平。"(陈振基,2017)

《绿色建筑行动方案》中指出,必须大力发展绿色建材,具体描述为:因地制宜、就地取材,结合当地气候特点和资源禀赋,大力发展安全耐久、节能环保、施工便利的绿色建材。加快发展防火隔热性能好的建筑保温体系和材料,积极发展烧结空心制品、加气混凝土制品、多功能复合一体化墙体材料、一体化屋面、低辐射镀膜玻璃、断桥隔热门窗、遮阳系统等建材。引导高性能混凝土、高强钢的发展利用,到2015年末,标准抗压强度60 MPa以上的混凝土用量达到总用量的10%,屈服强度400 MPa以上的热轧带肋钢筋用量达到总用量的45%。大力发展预拌混凝土、预拌砂浆。深入推进墙体材料革新,城市城区限制使用黏土制品,县城禁止使用实心黏土砖。发展改革、住房城乡建设、工业和信息化、质检部门要研究建立绿色建材认证制度,编制绿色建材产品目录,引导规范市场消费。质检、住房城乡建设、工业和信息化部门要加强建材生产、流通和使用环节的质量监管和稽查,杜绝性能不达标的建材进入市场。积极支持绿色建材产业发展,组织开展绿色建材产业化示范。此外,2014年4月国务院发布文件《新型城镇化发展规划》,也明确提出要大力发展绿色建材,强力推进工业化建筑。

通过对国务院、住房和城乡建设部等部门出台的政策进行整理,其中与绿色建筑相关的政策如表2.3所示。

表 2.3　工业化建筑国家级绿色建筑政策

编号	事件日期	政策事件	发文单位	简要概述
1	2012.4.27	《关于加快推动我国绿色建筑发展的实施意见》(财建〔2012〕167号)	财政部、住房和城乡建设部	到2020年,绿色建筑比重超过30%,能源消耗达到国家标准,到2014年政府投资的公益性建筑和直辖市、计划单列市及省会城市的保障性住房全面执行绿色建筑标准,力争到2015年,绿色建筑面积10亿平方米以上;高星级的绿色建筑予以建筑奖励审核,给予一定的财政奖励,2012年,二星级标准给予45元/平方米,三星级标准80元/平方米,奖励标准会根据技术进步、成本变化等进行调整;中央政府对满足审核的绿色生态区给予资金定额补助,基准为5 000万元,具体根据生态区规划水平、规模、评价等级等情况核定;对于建设水平高、规模大的生态区给予调整补助额度;自2014年起,政府投资的公益性建筑全部执行绿色建筑标准
2	2013.4.3	《"十二五"绿色建筑和绿色生态城区发展规划》(建科〔2013〕53号)	住房和城乡建设部	实施100个绿色生态城区示范建设,政府投资的党政机关、学校、医院、博物馆、科技馆、体育馆、直辖市和计划单列市的保障性住房,以及单体面积超过2万平方米的机场、车站、宾馆、饭店、商场、写字楼等大型公共建筑,2014年起执行绿色建筑标准。推动绿色建筑产业化,推广适合工业化生产的建筑体系,加快形成预制装配式工业建筑体系的形成,实现住宅部品通用化和住宅产业化

《对政协十二届全国委员会第三次会议第0260号、1159号、1382号、1782号、2363号(城乡建设类090号)提案的答复》中指出,在绿色建材推广方面,住房和城乡建设部会同国家有关部门,研究建立绿色建材评估认证制度,鼓励地方编制绿色建材产品目录,引导规范市场消费。2014年5月,住房和城乡建设部会同工业和信息化部印发了《绿色建材评价标识管理办法》(建科〔2014〕75号),明确要求绿色建筑、绿色生态城区、政府投资和使用财政资金的建设项目,应使用获得评价标识的绿色建材。

2.5　相关建造标准

上文提及工业化建筑的建造模式在很多方面还存在问题,除了目前造价成本高之外,缺乏相应配套的技术规范、现场预制构件的组装技术缺乏等问题也都影响着工业化建筑在我国的推行。

具体来说,目前我国的技术研究仍处于初级阶段。施工技术、生产模式、管理体系不完善,专业人员技术操作能力不娴熟等问题,使产品质量不能确保达到预期的理想效果。此外,目前国家还没有形成统一的规范标准,仅有专项企业有相应技术标准,理论支撑不足(尹新新、赵永生,2015)。

陈振基(2017)在分析 1995 年的《建筑工业化发展纲要》(简称《纲要》)时指出,对于工业化的基础——标准化、系列化、通用化和模数化,《纲要》要求很明确,最近的文件也提出"完善部品部件标准"。应用装配式建筑,推进工业化须从标准化推起,而不应在标准化未成熟前,先建构件生产线,否则后果必然是品种繁多、模具各异、坐等订单、人机闲置。建厂时热热闹闹,参观者络绎不绝,一个项目做完后冷冷清清,投资人愁眉苦脸。大力推广装配式建筑不要只是掀起建设预制厂的高潮,还要对产能过剩存有警惕之心。

2014 年 12 月 30 日重庆发布了《关于加快推进建筑产业现代化的意见》文件,提出了建筑工业化建造标准的相关政策:

(1) 到 2017 年,全市新开工的保障性住房必须采用装配式施工技术;

(2) 建筑产业现代化试点项目预制装配率达到 15% 以上;

(3) 城市道桥、轨道交通等市政基础设施工程优先采用建筑产业现代化技术和产品,形成建筑产业现代化技术体系、标准体系、政策体系和工程项目监管体系;

(4) 建成 4~5 个国家建筑产业现代化基地,培育 5~6 家部品构件龙头骨干企业,到 2020 年,全市新开工建筑预制装配率达到 20% 以上;

(5) 城市道桥、轨道交通等市政基础设施工程广泛采用建筑产业现代化技术和产品,建立建筑产业现代化技术研发和建筑部品构件生产的产业集群。

除了宏观上的建造标准,相关政策中还有针对绿色建筑的标准内容。《对政协十二届全国委员会第三次会议第 0260 号、1159 号、1382 号、1782 号、2363 号(城乡建设类 090 号)提案的答复》对关于加快发展绿色建筑,促进新型城镇化建设等提案表示要加快建立标准体系。在标准规范方面,2006 年以来,住房和城乡建设部先后发布《绿色建筑评价标准》《建筑工程绿色施工评价标准》《民用建筑绿色设计规范》等相关标准,绿色工业建筑、办公建筑、医院建筑、既有建筑改造、生态城区等评价标准,以及绿色超高层、保障性住房、数据中心、养老建筑等技术细则相继颁布或启动编制。全国已有 22 个省市出台了地方绿色建筑评价标准。绿色建筑标准正向全寿命周期、不同建筑类型、不同地域特点、由单体向区域这几个维度不断充实和完善。

《国务院办公厅关于促进建筑业持续健康发展的意见》（国办发〔2017〕19号）文件在推进建筑产业现代化部分提出要完善工程建设标准，整合精简强制性标准，适度提高安全、质量、性能、健康、节能等强制性指标要求，逐步提高标准水平。积极培育团体标准，鼓励具备相应能力的行业协会、产业联盟等主体共同制定满足市场和创新需要的标准，建立强制性标准与团体标准相结合的标准供给体制，增加标准有效供给。及时开展标准复审，加快标准修订，提高标准的时效性。加强科技研发与标准制定的信息沟通，建立全国工程建设标准专家委员会，为工程建设标准化工作提供技术支撑，提高标准的质量和水平。

因此，接下来需要继续完善标准体系。加快制定适合不同气候区、不同建筑类型的绿色建筑评价标准。健全高耗能产品能耗限额标准和终端用能产品能效标准体系，研究提出以实际使用效果评价的建筑节能标准体系，提高用水器具水效标准，完善公共交通基础设施建设标准，研究制定城镇人均用地指标体系，研究废物资源化利用评价标准，加快制定地热、太阳能光热利用等可再生能源标准。

2.6 启示

通过对工业化建筑政策的研究，有以下几点启示：

1. 加强政策力度和政策时效性

工业化建筑的生产方式，涉及多个方面的改造更新，要求有较高的技术水平。工业化建筑的研发投入相当多，远远高于普通的建筑，采用工业化建筑生产的建筑物，售价也必然高于普通建筑，政府如果不通过经济、行政的手段加以支持和引导，大众可能会更倾向于购买普通住宅。发达国家深刻了解工业化建筑的重要性和紧迫性，发展初期政府层面高度重视，使得发达国家的工业化建筑进程起步早且发展快，如新加坡和日本等发达国家为了推进工业化建筑的发展进程颁布了强制性的政策。

工业化建筑进程是一个产业改造升级的过程，需要较长时间的政策的引导和支持。目前，工业化建筑相关政策最长的有效期限为五年，有效期过后，新政策颁布之前的间歇时段和新政策的变动，都可能会对相关的上市公司和公众投资者产生一定影响。

2. 加大经济政策激励

国家应该加大对工业化建筑政策的激励力度。对于新型技术的研发，政府应当增加预算支持，建立专项资金，加大对工业化建筑技术的研发推广经费的投入力度。符合工业化建筑标准的建筑应当给予财政资金奖励，奖励的奖金分别给予建筑企业和消费者，但是，更倾向于将奖励资金给予消费者，鼓励消费者进行购买，扩大购买力，扩大市场对于新型建筑的需求。政府应当给予优秀的建筑企业光荣称号奖励，增加企业的公众信誉度，提升企业的公信力。发达国家经济激励政策的多层次激励源于激励主体不同，经济政策根据不同的激励对象，设立了基金、税收优惠、财政补贴、贷款优惠等，引导市场的资金流向，有效缓解技术改造的资金瓶颈问题，吸引更多的企业主体投身工业化建筑。

制定合理的信贷优惠、容积率奖励、土地流转、项目审批流程便利等方面的政府激励政策，也有利于鼓励房地产开发商提高建筑质量；政府和企业也应当对工业化建筑的规划和设计人员给予奖励，提高设计人员的积极性；在金融服务方面，购买符合工业化建筑标准建筑的消费者，可以享受购房首付款的优惠，或者能够享受在购房贷款利率上适当的利率优惠，以此激发消费者的购买需求。

3. 强制性政策和激励政策相结合

现有的工业化建筑政策普遍以激励、补贴引导工业化建筑进程的发展，同时应适当地结合一些强制性政策，加大工业化建筑的推进力度，尤其应强制执行一些基本能耗方面的政策。同时，结合金融、财政、税收等方面的多元化的激励性的政策，尽可能地消除市场失灵。新加坡和日本等发达国家都有采取强制性的政策措施，推动相关的建筑体系在短期内被认可，而且新加坡和日本两国均为单一制政体，中国可以借鉴这两国的发展经验，利用自上而下的集中统一领导的体制来推进工业化建筑标准的执行。强制性的约束政策和多元的激励政策同时并行，能够有效地推进产业的发展。

相比于开发普通的建筑，采用工业化建筑投入更多，但是生产的研究结论与启示在市场上未必能产生更强的竞争力，这种情况下，政府的政策激励是必要的。但从实证的结果看，国家层面的政策的颁布在短时间内对于建筑业和房地产业的上市公司的影响甚微。与普通的建筑过程相比，工业化建筑在规划和设计上需要投入更多，也要求更高的技术水平，设计环节的成本相应增加。施工时和施工后期的管理和维护的难度和成本也会增加。

4. 鼓励行业整合

中国的城镇化目前处于快速发展的阶段,建筑业和房地产业有持续发展的前景。建筑业多数为轻资产企业,而房地企业均具有重资产性的特点。中国建筑企业总数达 8 万多家,但是,上市建筑企业只是少数,占总体的比重非常小,行业集中度较低,过度竞争现象严重。中国工业化建筑需要大型的有资质等级的企业率先进行研发投入和升级,因此,对大量的分散、无资质等级的中小企业进行行业内的整合非常必要。建筑业作为经济发展中的支柱型产业,需要加强行业总体的竞争实力,发展相当数量的管理规范且标准化程度高的有一定的资质等级的大中型企业。

房地产业是典型的资源型产业,目前的房地产业上市公司中,国有企业数量占一半,国有企业所拥有的资产和营业收入也占据着重要的比重。对国有企业进行优化整合,提高企业效率、加大优质资产的注入、提高市场活力和市值管理能力有利于增强国有企业竞争力,进行工业化建筑升级投入(晋慧,2016)。

第3章
工业化建筑市场管理体系

工业化建筑市场与传统建筑市场相比,有共通之处也存在其独特之处。管理体系和管理水平在工程项目的建造过程中扮演着十分重要的角色,对项目的实际建造和投入运营产生重要影响。因此,建立科学化、系统化的管理体系,有助于完成项目在利润方面和管理方面的双重目的。然而,工业化建筑和传统建筑在建造过程中存在着较大的差距,传统项目是一般分为前期策划、设计、施工和运营等相对独立的几个阶段的传统项目管理体系,这样的体系在工业化建筑市场并不适用,相对独立的管理阶段会造成项目参与各方的沟通协调障碍。工业化建筑强调一体化、集约化、协同化的建造生产方式,项目参与各方需要进行高度的协作,在项目策划前期就需要设计、施工、预制等各方人员的参与,并且各方的协作一直贯穿于项目建造的全过程中,因此管理体系如果会造成沟通障碍,也将会给项目带来巨大的损失。因此,本章从质量管理、成本管理、进度管理、安全管理与合同管理这五个部分构建工业化建筑市场下的管理体系,解决工业化建筑管理过程中存在的问题。

3.1 质量管理

质量管理是工业化建筑市场管理体系中的重要组成部分,工程质量是关乎建筑能否正常投入运营使用和满足生产活动需要的核心问题。同时也是工程项目管理中的"四大管理目标"之一,对于工程质量进行严格的把控,是工程项目管理的重点内容。要做好项目质量管理,首先要明确质量以及质量管理的概念内涵,以工业化建筑特点和理论概念为基础,梳理国外在工业化建筑方面质量控制的模式,建立与我国建造模式相适应的质量管理模式,即形成基于标准化管理和精益制造思想的工业化建筑质量管理模型,从生产标准化、人员配备、工序标准化等方面完成对于工业化建筑工程项目的质量管理控制。此外,通过对中南集团的NPC结构技术体系进行案例分析,进一步说明工业化建筑市场质量管理的实际操作。以全新的视角来审视工业化建筑的质量管理控制工作,促进工业化建筑质量管理水平的提升。

3.1.1 质量的内涵

质量在物理学、社会学、工程学等不同学科领域范围内,都具有不同定义。工业化建筑属于一项特殊的产品和服务,所以工程质量应属于产品领域的定义。随着经济和技术的不断发展,即便仅仅在产品服务领域内,质量的内涵也在不断深化和丰富。最经典的质量定义是由美国的质量管理专家 J. M. Juran 提出的,即从顾客的角度出发,提出产品质量就是产品的适用性。这个定义从根本上说明了质量反映了人们的使用要求和使用的满意程度,也从侧面说明了产品质量不是追求最新、高科技、新理念等方面的内容,而是着眼于各方面性能最适宜的组合。在 ISO 8402 的定义是"反映实体满足明确或隐含需要能力的特性总和"。在 2005 年颁布的 ISO 9000 将质量的定义更新为"一组固有特性满足要求的程度"。相对于 ISO 8402 中的定位,ISO 9000 对于质量的载体有了进一步的拓宽,质量要求不仅仅是指实物产品,还包括了服务活动,也反映了人们对于质量的多样的、动态的要求。其真正的内涵是要求满足表面或隐含的目标;最终的宗旨是要满足需要以及对质量的预期。我国也有很多学者从适用性、价值性和实用性等角度对质量的内涵进行探讨,帮助企业在生产和营销方面进行质量控制。也有部分研究着重于将产品质量、商品质量、服务质量等不同质量类型进行细分,找出不同质量类型的特征并进行定义。

常用的建筑工程质量定义为:符合规定的要求,能满足社会和建设单位一定需要的性能综合。"符合规定"是指符合国家有关法规、技术标准;"满足社会和建设单位一定需要的性能"主要是指适用性、安全性、美观性。由这个定义可以看出,建筑工程质量是质量内涵的进一步扩充和具体化。建筑工程是一种特殊的产品,它不仅仅具有一般产品的性能、寿命、适用性等质量特性,还包括工程建造活动和过程本身、工程项目参与各方的工作质量以及项目后期运营使用的服务质量。产品质量主要体现产品的使用价值,是作为一种产品的基本特性,要符合国家相关政策、标准的规定,同时也要满足消费群体的需求,从而实现其功能性与安全性。过程质量是建筑产品特有的质量属性,主要包含了在施工生产过程中涉及的工艺流程、机械设备、原材料、建造方法以及环境等各种因素,这些因素对过程质量共同作用,从而对建筑产品质量产生影响。工作质量,是为了达到质量标准而考虑的要素,主要针对施工工序,包含了管理、效率、组织与技术工作等要素水平,只有满足这些要素的标准,才能对产品质量进行保证。这三个方面相互协调、相辅相成,保证建筑产品在全寿命周期的工程质量。建筑工程质量的基本特性主要体现为:使用功能、确保安全、艺术文化和建筑环境,只有满足这几方面的质量特性要求,才能算是一项符合质量要求的建筑工程项目(陈林,2016)。

由此,本书将工业化建筑产品质量定义为:满足国家、行业及合同的各项规定,以工业化大生产的方式建造出满足用户及社会一定需要的特征总和。

3.1.2 国外质量控制模式

相对于传统的建筑模式,我国的工业化建筑模式尚处于起步阶段,在工程质量控制方面还没有形成体系。采用科学合理的建筑工程质量控制模式,能够在缩短施工工期和降低工程经济成本的同时,保证工程质量的全面控制,这对于工业化建筑市场的发展十分重要。因此,对于国外相关的工程质量体系进行梳理,可以为我国工业化建筑质量控制模式的建立提供借鉴,从而强化我国工业化建筑建造模式的工程质量评价的相关内容。

1. 法国质量管理模式

在工程质量控制的过程中,法国主要采用法律和经济手段控制工程质量,即采用技术立法的方式进行工程质量管理。其中具体工程质量控制手段有两种,即强制性工程保险制度和强制性质量检查。两种手段相结合,由保险公司委托质量检查部门在各项工程建设的过程中进行检查,对质量检验优秀的投保单位给予优惠,通过这样的方法来鼓励和规范企业的质量意识。其工程质量管理模式如图 3.1 所示。

2. 美国质量监管模式

美国和中国一样,制定了一系列的法律法规和建筑规范对工程项目质量提出专门的要求。各项标准也分为强制性标准和推荐性标准,国家标准和地方标准。美国的质量管理体系中,要求政府主管部门直接进行质量监管,监督人员可为政府检查人员或者为政府认可的外部专业人员。而我国质量监管人员均为政府人员,没有外部人员参与。政府投资的建设项目,主要由项目负责人负责管理。美国在进行质量监管过程中,主要通过六项要素的控制进行管理,具体要素如表 3.1 所示。

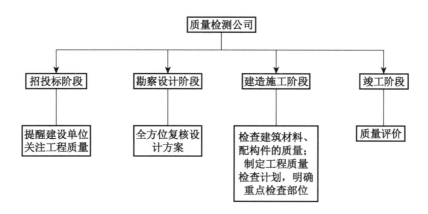

图 3.1　法国工程质量管理模式

资料来源：孟宪海，1999

表 3.1　美国工程质量控制要素表

美国质量控制要素	参建单位人员情况	1. 承包商质量保证体系；2. 承包商质量保证措施；3. 分包商资质；4. 施工单位对施工方案、规范是否认同
	施工方法	1. 施工方案是否合理；2. 施工工艺是否合格
	材料、设备质量	1. 原材料资料；2. 大宗机具质量；3. 设备来源及质量；4. 是否存在变更材料；5. 设备材料的采购、供货情况
	质量检查材料	1. 原始材料质量统计资料；2. 质量检查的报告、记录等文件；3. 质量验收的检查凭证
	质量事故	质量事故上报情况，是否有隐瞒
	质量验收	1. 分项工程质量；2. 分部工程质量；3. 单位工程质量

资料来源：陈林，2016

3. 德国质量管理体系

在工程质量管理问题上，德国政府侧重于间接管理，质量监管处于世界领先水平。在政府进行质量监管和施工单位质量自控之外，还授权一些符合条件的质检公司进行质检。基本实现了政府监管、企业自检和社会监督的全方位建筑工程质量管理体系。每个建设单位都必须接受这种强制性的审查，只有通过质检公司全面检验的单位，才能继续进行施工建设。同时，质检公司与施工方和业主不存在雇佣关系，以政府为桥梁，业主向政府缴纳费用，政府支付费用给受委托的质检公司，极大程度地避免了质检公司与业主之间出现腐败违规的现象。分重点控制是德国质量管理体系的核心，在工程建造的不同阶段采取不同的检验措施，具体内容如表 3.2 所示。

表 3.2　德国工程质量控制要素

德国工程质量控制要素	初步检验	1. 是否配备有必要的专业技术人员；2. 是否配备设备与仪器；3. 有无保证质量连续生产的条件
	常规检验	1. 新工艺、新材料、新结构质量技术；2. 配件、构件质量；3. 材料质量；4. 制品质量；5. 工程部位检验
	专门检验	材料、构件或工程部位检验不合格后再次检验
	文件记录	1. 是否有监督检验报告；2. 是否有检验结构证书

资料来源：陈林，2016

4. 新加坡质量管理体系

新加坡是采用行政立法的方式进行质量监管。新加坡政府建设主管部门，建立 ISO 9000 系列标准质量保证体系，并制定相应的指标评价体系。政府在监督检查施工质量时，依据该体系，直接对建筑工程质量进行评定。此外还建立专业建筑工人及技术人员的培训制度，通过提高员工素质来确保标准的实施和工程质量。政府对项目质量进行评定之后，采取管理措施，对建设单位进行相应的表彰或惩处。相关的政策和管理措施相结合，使建设单位形成自我约束力，从而提升建筑工程质量。其质量管理模式如图 3.2 所示。

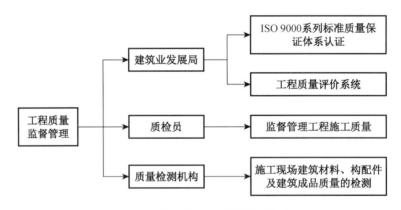

图 3.2　新加坡工程质量管理体系

资料来源：孟宪海，1999

3.1.3　质量控制模型

我国的工业化建筑进程处于起步阶段，在质量管理方面主要存在以下三大问题：①国家在宏观层面没有出台相应的工业化质量管理的法律法规；②实际操作过程中没有形成规范化、标准化的质量管理模式，没有明确项目参与各方的质量管理职责;③沿用传统工程质量管理方式,工程实施各阶段分化严重,缺乏系统化的过程控制。

为解决上述存在的问题,结合工业化建筑的特点,参考国内外相关文献,总结出工业化建筑质量控制模型,如图3.3所示。模型以管理层级为主要划分幅度,包括了工程项目的整个生命周期。管理人员履行各自工作职责的同时,通过精益建造思想与标准化管理思想对整个项目建造过程进行指导,从而保证工业化建筑在建造过程中克服已有的质量管理难题。

从工业化建筑质量管理模型的整体结构来看,在管理层级上,本模型将工业化建筑质量管理的管理层次分为意识层、管理层、执行层与监控层。

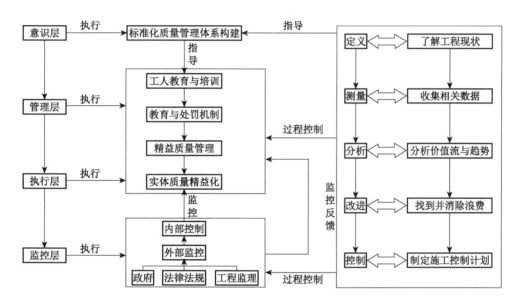

图3.3 工业化建筑质量控制模型

资料来源:周福新、李清立、黄莹,2016

意识层是工业化建筑质量管理的第一阶段,强调在意识和指导层面上建立标准化管理。其具体内容是在项目前期,项目的管理人员和技术人员根据国家的建筑标准和行业法规,结合项目建设目标与设计图纸,明确划分项目各项施工任务,即进行WBS划分,明确管理职责,从而形成指导整个工业化建筑施工的纲领性文件,指导后续的施工过程。

管理层与执行层是工业化建筑质量管理的实际操作人员,负责相应的管理工作和控制工作。管理层的主要职责是根据上层的指导精神和文件,建立质量管理岗位责任制和奖惩制度等制度,同时在一些具体事务上承担管理职责。而执行层的主要任务是以工业化建筑质量管理模型为依据,对施工过程的质量管理工作进行精密控制,实行精益质量管理,加强过程控制,降低工程质量偏差与事故的发生率。

监控层上主要包括两方面的内容:①项目参与各方进行质量自检;②政府监管部门、法律法规、监理机构对工业化建筑建造过程的外部监控。在监控层中,要建立高效的信息反馈流程,通过实时的信息反馈,能够有效地监控和解决工程进行过程中的质量问题,形成完整的 PDCA 循环,从而达到持续改进的目的。

综上所述,划分意识层、管理层、执行层和监控层,能够帮助我们明确质量管理过程中的各项任务,从而保证了在工业化建筑建造过程中各级管理人员能够各司其职。能够有效避免管理模式的混乱,保证各层级人员专业化程度的不断提高,确保工业化建筑的工程质量(周福新、李清立、黄莹,2016)。

3.1.4 质量管理分析

为了对我国工业化建筑市场的质量管理有更深层次的把握,下面将从标准化、工作人员素质、工序控制、管理职责划分四个方面对工业化建筑质量管理进行分析。

1. 标准化

标准化是工业化建筑的核心。只有建立了完善的标准化体系,才能最大限度地保证预制构件生产的批量化,使得机械化工业生产实现社会化和商品化,从而真正意义上实现工业化建筑。生产标准化在工业化建筑质量管理模型中属于输入阶段,对整个项目的质量结果有着直接的影响。首先,在设计阶段设计单位充分与建筑单位和构件生产商沟通,从客观实际出发,实现标准化设计。在管理理念、科学生产计划、车间管理等方面下足功夫,保证设计的合理性和适用性,降低实际生产过程中出现设计变更的现象。从源头就对工程质量进行控制,同时实现规模效益,从而促进工业化建筑生产质量控制的整体进程。在构件生产阶段,承包商必须根据设计文件要求,按照标准进行构件生产,严格控制构件制造质量。标准化设计和标准化生产,能够保证各个构件在施工现场实现精准组合,解决各个环节之间的接口集成问题,保证施工质量。

但是如何在保证各个环节的标准化的同时,满足用户多样化的需求,两者之间如何进行协调也是在实施工业化建筑的过程中必须要解决的问题。

2. 工作人员素质

工业化建筑实现了预制化、装配式生产,这就对工作人员的素质有一定的要求。在工业化建造的过程中,其核心概念都强调在工作进行过程中最大程度地进行事中控制,从而降低事后控制的需要,减少不必要的损失。而在事中控制中,其核心是控制人员因素。同时在工业化建筑质量管理模型运行的过程中,涉及许多工作人员。然而目前我国一线的建筑工人,存在文化程度偏低的普遍问题,大部分人员未进行系统专业培训,缺乏现场施工基本操作技能和专业理论知识。由于工人素质偏低,在缺乏监督时,会产生违规操作,因此,在工业化建筑项目实施前期,项目承包商应根据相关标准规范的规定,建立标准化项目部,根据项目的大小与建设特点,配备相应数量的技术人员,做好人员培训工作,在源头上保证人员素质,降低可能由于人的因素而造成的质量损失。

3. 工序控制

施工过程是建造过程的重要环节,往往也是产生质量问题的关键环节。在施工过程中,工序是指导施工人员进行工程装配与施工的基础文件,对于某些工序细节上进行随意修改,不按照规范进行操作,都会导致工程质量发生问题。在施工环节缺乏完备的质量管理,将会导致施工现场混乱,质量难以达到规定标准。工序控制是工业化建筑装配与控制过程中与工程质量直接相关的工作,其在整个工业化建筑质量管理模型中居于基础性的位置。我国目前工业化建筑市场还处于起步阶段,专业化施工人员和施工队伍并不完善,许多工人对于工业化施工缺乏了解。此时,制定出一套完善的工序操作程序和标准,有助于帮助基层操作人员更好地理解与执行施工与装配任务,实现标准化施工,从而对工业化建筑质量管理模型的运行起到一定的支撑作用(周福兴、李清立、黄莹,2016)。

4. 管理职责划分

建筑工程质量的影响因素很多,若想从根本上解决质量问题,不仅仅需要一套完善的质量管理体系,更要明确工程参与各方的管理职责。质量管理职责不明确,就无法有效地实施工业化建筑质量管理体系。特别在出现质量问题之后,工程参与各方往往会发生互相推诿的现象。各方质量管理职责应该通过文件、公告等书面形式进行明确划分,形成较强的整体约束力,也避免了高层管理人员不愿意承担相应的质量责任,将职责推到一线操作人员身上的现象。

3.1.5 质量监管体系

建立一套完整、规范、系统的质量监管体系,能够有效地保障工业化建筑工程质量。本节将介绍一套质量监管体系:以建设责任主体、社会监管主体、政府监管主体形成的"三方制约式"为主体,以法律法规和信息化管理为辅助形成的"三三一"质量管理体系,如图3.4所示。

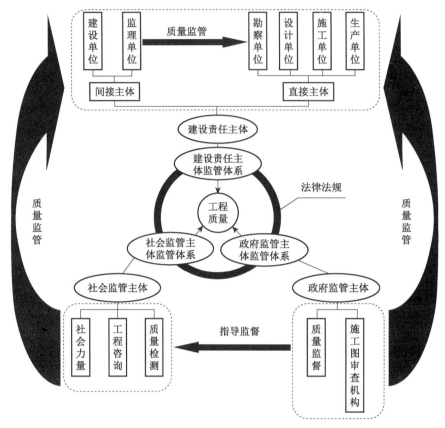

图 3.4 "三三一"质量管理体系
("三三一"包含三大责任主体、三大质量监管体系、一个法律法规框架)
图片来源:杨仕兴,2015

1. 建设责任主体

在设计阶段中,设计单位对设计相关活动负主要责任。建设单位在委托设计单位进行设计时,以合同作为主要参考依据,并且由图纸审查机构对设计阶段的设计文件进行监督管理。同时设计方和建设单位也应该进行检验核查,各方参与图纸会审以保证设计的质量。

在工厂构件制作阶段,制定相应构件模块模数以及基本要求,制定一系列的规则。工厂制作环节的质量须由监理单位和建设单位共同管理,并且建设单位应建立系统的质量监管体系,加强管理、责任到人,另外不定期检查抽查,保证构件的质量。

在施工阶段,施工单位和监理单位承担施工阶段的质量,须由工程质量监测机构对建筑工艺流程实行质量把关。并且由建设行政主管部门的相应监理对施工质量实行监督管理,建设单位同样负有监管责任。施工单位和监理单位须按照合同协议承担自己的责任,保证互相监督与约束。

2. 社会监管主体

社会监督主体是指在工业化建筑质量的管理中,除了建设单位自检、政府质检部门和监理单位外,还包括项目规划机构、工程咨询机构以及广大的社会力量。社会监管具有普遍性,能够广泛地从各种角度对工业化工程质量进行监督,运用社会舆论压力促使建设单位不断提高建筑质量。通过广泛的社会监督能够有效抵制建筑市场的偷工减料行为,督促建设单位完善质量管理工作流程,保证工业化建筑各个施工环节的质量。建立建筑市场和工程质量监督管理一体化的工作平台,实现社会的有效监督和保证建筑工程的质量。

3. 政府监管主体

政府监管,是保证工业化建筑质量的最有效方式。政府可以采取一系列强制措施,对不符合质量要求的建设单位进行相应的处罚,最大限度地引起建设单位对工程质量的关注。除了强制性措施以外,还可以通过政策和法律法规来约束和协调建筑行业各部门的工程操作行为,保障建筑工程质量。为了保障工程质量,政府质检部门必须充分履行职责,加大监管力度,可以在施工现场设立政府监管机构,定点定时检查管理。设立的工程质量监管机构要及时反馈信息给政府,以便及时归纳、统筹管理,从而保障工程质量。

4. 建立和完善工业化建筑相关法律法规

完善的法律法规可促进工业化建筑的稳步协调发展,健全的工程质量法律法规是依法实施工程质量监管的保障。具体到每一流程,通过对工程质量监管的各个环节和各个层次细化,做到有法可依、有法必依。法律法规须建立和完善,从工业化建筑的设计、制作、运输、吊装、拼接整体式,保证各个阶段都有可靠的法律条款保证和依据。不同地区可根据条件限制在国家法律范围内进行地域性的法律编制来适应当地的建筑条件。

5. 推广信息化管理

随着全世界信息化进程的加快,传统的人工管理模式已不能保证工业化建筑的质量。实现工程管理的信息化转变,能够提高管理效率和服务质量。

建立以 BIM 应用为载体的项目管理信息化,提升项目生产效率、提高建筑质量、缩短工期、降低建造成本。结合 RFID 射频识别技术,自动识别目标对象并获取相关数据。识别工作无须人工干预,可工作于各种恶劣环境,可识别高速运动物体并可同时识别多个标签。两者相结合,实现对建造过程的实时化、信息化的监管,有助于及时发现并解决质量缺陷。

此外,信息化时代的到来,促进了政府对建设工程监督管理的有效性。高科技网络技术结合实际工程监督管理运用,可以实现工程的网络监督管理。运用网络信息化对项目进行全方位监管,运用网络信息分析工程项目各个流程的质量指标。互联网管理相对于传统工程管理更全面,更系统,提高了有效性,降低了成本(尹强、刘鹏、罗志强,2016)。

3.1.6 NPC 结构技术体系

中南集团采用 NPC(New Precast Concrete)结构技术体系,在引进澳大利亚预制混凝土技术的基础上,结合我国设计规范的要求,创造了全预制构件和半预制构件相结合的独特结构形式,其中剪力墙、填充墙等竖向构件采用全预制,梁、板等水平构件采用半预制的叠合形式。其原理是通过预埋件、现浇节点等方式将全预制墙、柱及叠合梁、板连接成一个有机整体,形成预制钢筋混凝土装配结构体系,如表 3.3 所示。

表 3.3 NPC 结构体系梁、板、柱构件

构件名称	图片	施工工艺
柱		柱为节段柱,柱节段处用"X"筋加强与预留部位绑扎的竖向钢筋进行连接
梁		采用先张法生产预制梁,在浇筑柱后,采用机械连接吊装预制梁
桁架叠合楼板		钢盘桁架网由两部分组成:钢筋桁架及搁置于钢筋桁架下弦且垂直于钢筋桁架的附加钢筋

表中图片来源:杨仕兴,2015

此结构体系的质量监管重点侧重于承重构件的制作与运输以及现浇混凝土节点的施工(杨仕兴,2015)。

3.2 成本管理

成本管理是工程项目管理的"四大目标"之一,因此成本管理水平的高低也一定程度反映了工程项目管理的水平。成本管理需要依照一定的流程进行,主要可以分为成本预测、成本决策、成本计划、成本控制、成本核算、成本分析和成本考核七个环节。在这种科学的管理规范下,项目能够达到成本管理的预期目标,从而提升整个项目甚至于整个企业的管理水平。近年来,随着社会经济的发展,人民生活水平的提高,工业化建筑已逐步进入到我们的生活中。纵观工业化建筑市场的成本管理现状,我们首先需要对工业化市场的成本管理内涵有一个基本的认识,了解成本管理过程的主要环节,在此基础上思考成本管理中存在的问题并且提出解决的对策。如何能够有效进行工业化建筑成本的控制,并以此来提高对项目成本的实时预测以及监控的能力?如何能够在有效的成本控制下实现既定的成本目标,使企业取得最大的经济效益?这些都是进行项目成本管理时必须要注意的问题,也是工业化发展进程中不可忽视的问题。

3.2.1 成本管理内涵

目前,我国的建筑行业发展的"黄金时代"已经结束,市场竞争十分激烈和残酷。除了目前行业内的从业者以外,许多大型企业也逐步进入建筑市场,市场竞争压力不断加大。在这种情况下,企业需要依赖低廉的成本以获取更高的经济效益,只有生产出造价更低、工期更短、质量更高的建筑产品,才有可能在这个竞争激烈的环境中立足并取得长远的发展。因此,在实施工业化建筑的过程中,要加强成本管理,通过一系列的方法及努力来减少成本的支出,实现更多的盈利。例如,在建造过程中尽可能地降低材料在加工过程中的损耗,并且随着劳动力越来越昂贵,也应尽量减少人力资源的投入,通过机械化施工的方式来降低成本,创造更大的价值。所以,成本管理的优劣体现在项目的盈利上,也反映了企业管理的水平。

施工项目成本是指建筑施工企业以施工项目作为成本核算对象的施工过程中所消耗的生产资料转移价值和劳动者的必要劳动所创造的价值的货币形式。而施工项目的成本管理的内涵是:在合理范围内最大化地降低项目的成本。所谓的在合理范围内是指降低成本并不是一味地节省开支，而是在保证现场的安全文明施工以及满足合约规定的质量和工期的前提下，尽可能地实现成本的降低。想要实现成本的降低，需要制定相关的组织、技术、经济、合约等措施，通过采取这些措施控制成本。在工业化建筑市场环境下，实现对各建筑构件的社会化大生产，形成规模效应，从而降低边际成本。同时，许多构件由现场湿作业，转为工厂预制，减少了施工人员的投入和施工现场管理的成本。因此，工业化建筑市场的成本管理，应该在项目设计阶段和工厂预制阶段进行重点管理和控制。

3.2.2 成本管理的主要环节

工业化建筑项目的成本管理和传统成本管理一样，也包括以下几个环节：成本预测、成本决策、成本计划、成本控制、成本核算、成本分析和成本考核等，这些环节的管理功能之间存在着一定的内在联系。在工业化建筑项目成本管理系统中，以生产经营过程中的成本控制为核心，实现成本管理的七个环节形成相互之间的信息传递与反馈，使成本管理系统成为高效运转的有机整体。

1. 成本预测

项目成本预测是指企业人员根据自身积累的工程经验和既往的工程数据，参照当前的经济发展水平和物价波动趋势，对即将开展的施工项目各种活动的成本和最终总成本进行估计。项目成本预测不仅是预测和分析的结合，也是事后反馈与事前控制的结合。通过成本预测能够及时发现项目中存在的问题，找出项目成本管理中的薄弱环节，并据此采取相应的措施以控制成本。

项目成本预测作为成本管理工作的起点，为企业选择最优成本决策以及制订可行的成本计划提供了可靠的依据。然而，要想获得科学、准确的成本预测就必须遵循相应的程序。成本预测的工作程序如图 3.5 所示。

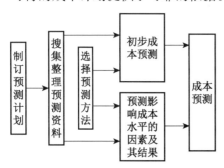

图 3.5 成本预测工作程序示意图

图片来源：张金佳，2016

要准确地进行项目成本预测，首先就要对内外部环境进行调查。成本预测环境调查对于工业化建筑项目的成本管理十分重要，这是由于我国工业化建筑还处于起步阶段，在成本管理方面还不成熟，没有足够的工程数据和工程经验作为参考。只有进行充分的前期环境调研,了解市场环境、物价水平及技术能力,才能弥补过往数据和经验不足的缺陷,从而对工程成本进行合理、准确的预测。对于成本预测环境的调查可从以下三个方面进行:①市场环境调查。主要是要了解建筑业的整体发展情况,当地市场的行业竞争形势以及工程所在地建筑企业的一般投资规模、投资意向以及投资战略布局,还要明确待建工程的性质、工程结构情况。②成本水平调查。对于与本企业类似工程的成本水平要有深入的了解,明确建筑市场中劳动力、建筑材料、建筑机械的供应情况,清楚掌握建筑市场中的价格波动及变化趋势。③技术发展情况调查。了解国内在工业化进程中所采用新技术、新工艺、新材料的情况,分析这些可能给工程成本带来的影响。

其次,制定成本预测计划,是保证成本预测工作顺利进行的基础。如果在进行成本预测的过程出现了与计划不一致的情况或者在执行成本预测计划的过程中,发现成本预测计划存在缺陷,应及时修正成本预测计划,保证成本预测能够获得良好的预测质量。

根据制订的成本预测计划进行成本预测资料的搜集是进行成本预测的重要条件。而成本预测的资料来源于以往工程项目,工业化建筑项目目前还比较少。因此,需要从其他项目中进行参考和以环境调查的结果作为主要成本预测的依据。同时,为了后续工业化项目的成本预测,需要形成良好的资料整合和保存的制度,并且对资料进行分析与整理,建立成本预测模型。

然后,就是开始成本预测。成本预测的方法有定性预测方法和定量预测方法两类。其中定性预测方法主要有德尔菲法、主观概率法和专家会议法等。定量预测方法有时间序列法、回归分析法等。在成本预测方法选择的过程中需要考虑以下几个方面:首先是时间因素。因为不同的预测方法适用于不同的预测期限,定性预测的方法一般多用于长期预测,而定量预测的方法则适用于中期预测和短期预测,因此应根据不同的预测期限选择合适的预测方法。其次要考虑数据因素。因为不同的预测方法对于数据有着不同的要求,应根据搜集到的数据的特点,选择相应的数据模型。最后还应该考虑精度因素。采用所选的预测方法要能够获得足够精确的预测结果,只有已经证明为有效的模型,才可用于实际的预测过程中。

最后,通过对类似工程的成本数据进行分析,结合市场行情、劳动生产率、物价变化、间接费用等情况进行详细的预测,再对成本预测进行敏感性分析以及不确定性分析,最终确定施工项目的预测成本。

2. 成本决策

在项目的实施过程中会出现各种与成本有关的问题,对于随时可能出现的有关问题的分析、判断并进行选择与决断,即为对项目的成本决策。成本决策的实质就是在工程项目施工前对成本核算进行判断,它的正确与否,决定了企业今后的经营前途以及企业未来的经济效益水平,体现了企业对于施工项目成本管理的整体水平。

作为成本决策者必须具备丰富的工程经验并且在遇到问题时能够通过比较多种可行方案迅速做出正确判断,还要能够对项目未来的成本水平和可能采取的经营管理措施做出合理的逻辑推断并且进行定量的描述。

3. 成本计划

当进行完成本决策之后,需要将最终决策的结果以数据的形式具体、详细地呈现出来,用数据的形式将成本决策的结果进行延伸,就叫做成本计划。成本计划是对施工项目制定的成本管理的目标,其编制依据是施工生产计划以及有关的成本资料。

4. 成本控制

在项目开始实施之后,由于各种各样的外界干扰因素会影响到项目的成本,因此就需要对可能影响计划成本的因素进行分析、归纳,并制定出相应的措施进行干预,以控制实际发生的成本在所计划的范围之内。在这个过程中,需要实时检查项目的各项支出是否均符合计划,并且要定期对实际成本与计划成本之间的差异进行分析,找出造成差异的原因,以避免不必要的浪费,不断填补管理中的漏洞。通过对实际成本进行及时的总结,能够实现有效的成本控制,能够帮助企业实现成本计划的目标,控制成本不过分超越成本计划的目标。

在工业化建筑市场的成本控制中,建筑的建造成本应从以下几个方面进行控制。

(1) 预制构件生产成本的控制。在装配式建筑设计过程中,要制定装配式建筑的设计规范,固定构件模具的型号并且控制模具的类型在一定范围内,这样能够提高模具的使用率,避免资源的浪费,从而达到降低预制构件生产成本的目的。在模具的使用过程中,要合理地保养模具,在保证模具质量的前提下尽可能地增加模具的周转次数,从而也能达到降低预制构件生产成本的目的。还要选择最大限度上符合要求的预制构件厂,将预制构件的生产全权交由同一指定的加工工厂,与该工厂进行长期稳定的合作,从而使预制构件的生产成本稳定到一定程度,使其从可变成本变为固定成本。

(2) 预制构件运输成本的控制。控制运输成本可以从控制运输距离以及控制运输效率这两方面进行。为了控制预制构件的运输距离，应选择距离施工现场相对较近的预制构件厂来进行加工，这样可以减少运输距离，从而降低运输费用。并且采用科学的方法来摆放预制构件能够节省构件所需空间，使得在有限的空间内能够尽可能多地安放预制构件，少次多量的运输提高了构件的运输效率，使得运输费用能够降低。

(3) 预制构件预制率的控制。因为项目的施工进度与预制构件的预制率有关，预制率越高，项目的进度就越快，从项目的工期方面考虑则可以降低所需的人工和机械的费用。然而，预制率并不是越高越好的，在预制构件厂成本尚未稳定的情况下，预制率的增高会导致成本的随之上升。只有事先在设计阶段确定一个合理的预制率，找到进度与成本之间的平衡点，才能合理、有效地降低项目的成本。

(4) 预制构件税金的控制。照目前市场规定来看，预制构件应缴纳的增值税税率为 $10\%\sim17\%$，而建筑的税率目前为 3.41%，但是考虑到预制构件属于建筑产品，而两者的税率相差过大，因此，相关单位和部门应仔细讨论预制构件的归属，在可控范围内调整预制构件的增值税税率，以此来适当降低工业化建筑的成本(张程程、刘春梅、赵永生，2015)。

5. 成本核算

施工项目的成本核算是利用会计核算体系，对项目施工过程中所发生的各种支出进行分类、记录，采用适当的成本计算方法，计算出各个成本核算对象的总成本和单位成本的过程。成本核算能够具体核算出在项目施工的过程中所发送的各类费用支出，及时校验项目的实际成本并且通过与计划成本进行比较，反馈计划的完成情况。成本核算还能够为决策者在做出决策时提供可靠的数据支撑。通过成本核算，可以促进项目各部门加强成本管理，可以约束项目各部门的开支，督促其更合理地使用人、材、机等各类资源。

6. 成本分析

施工项目的成本分析，就是以会计核算提供的成本信息为依据，按照一定程序，运用专门科学的方法，针对成本计划的执行过程、结果和原因进行研究，据以评价企业成本管理工作，并寻求进一步降低成本的途径(包括项目成本中的有利偏差的挖潜和不利偏差的纠正)。成本分析可以使管理者透过财务报表等数据资料所反映出的成本事实看清项目成本的本质，提高对于项目成本的掌握以及控制，为实现项目成本管理创造有利的条件。通过成本分析，能够客观地评价成本计划的执行结果，对于造成成本节约或者超支的原因进行深入的发掘，并且进一步寻求降低成本的途径和方法，能够使企业不断地提高企业整体水平，从而进一步提高企业经济效益。

"指标对比分析法"是成本分析的基本方法之一，是对于计划完成程度的评价，无论实际完成的任务数是超过或者低于计划完成的任务，均以计划的指标作为评价的标准。对于用最低限量规定的计划任务，计划完成相对指标以达到或超过计划的100%为好，如公司的结算收入；对于用最高限量规定的计划任务，计划完成相对指标以低于计划的100%为好，如工程成本。通过技术经济指标的对比，能够检查计划目标的实现情况，通过对差额产生的原因进行分析，能够进一步挖掘企业的内在潜力。

7. 成本考核

成本考核，就是施工项目竣工结算完成后，对施工项目成本形成过程中各级单位成本管理的成功或者失败进行总结与评价，作为项目成本管理系统的最后一个环节，是项目成本管理结果最终的反映。通过将项目最终确定的结算收入和最终发生的实际成本进行比较，能够清楚地了解项目成本管理的效果。及时、准确的考核能够有效地检验成本管理之前各个环节的工作，并且通过总结经验和教训，对精心进行成本管理的部门给予奖励，由此调动相关人员从业的积极性，使企业的成本管理工作得到持续健康的发展（张金佳，2016）。

3.2.3 成本管理中存在的问题及对策

成本对于企业经营发展的影响可谓是至关重要的，在工业化建筑的过程中，一方面做到科学合理地控制成本、最大限度地降低成本，另一方面做到充分保证建筑的质量，可以说是在我国工业化建筑普及过程中遇到的首要问题。

建设项目前期造价控制对项目整体造价控制有着举足轻重的作用，然而这项工作在实际的工作当中却并未引起足够的重视，从而导致后期实际投资的大大增加，超过最初的预期，造成资金浪费，这也是导致现阶段工业化建筑无法正常推进的重要原因之一。工业化建筑是一个系统的工程，因此建设成本的控制需要体现在项目建设全寿命周期中的各个阶段。

建筑信息模型BIM(Building Information Modeling)是对建筑信息创建、管理的过程，能够通过建筑信息数据库将整个建设项目模型化。将BIM技术应用于工业化建筑的成本管理中,就可以在项目建设的前期收集到完整的项目信息,将不可预计的影响可视化,从而提高项目前期成本预算的精度,帮助企业精细化掌握施工全过程中的成本数据,实现对成本的全过程控制,有效地防止实际投资大大超过预期,减少资金浪费(张鉴、祖子伟、刘海鹏,2015)。

工业化建筑是一项系统工程,强调项目各个环节环环相扣,因此对于成本的管理也应该渗透到工程施工的各个阶段。但是现如今,很多企业依旧只将成本管理作为财务部门的职责,将成本管理与现场管理分离开,现场技术人员只需要负责施工中存在的技术问题,施工人员只需要保证项目的进度能够符合计划。然而,这样的分裂导致成本管理不能有效地衔接,也不能反映项目实际发生的成本,会造成资金的浪费。

在工业化建筑项目中要有效地实现成本管理,需要各个部门的通力合作,发挥整体优势。在这方面可以借鉴国外的先进经验,实行灵活机动的用人机制,进行弹性的管理,并且建立奖惩分明的管理制度,给予员工更多的尊重,提高员工工作积极性,发挥员工的聪明才智,在保证工作效率的同时降低工程成本。同时要与各个部门进行沟通联系,在第一时间了解部门动态,这样既节约了工作时间,也能保证成本管理在各个部门良好进行(蒋名才,2012)。

3.3　进度管理

随着工业化建筑的应用和推广,工业化施工技术和管理方法也得到了一定程度的应用。然而工业化的方式与传统建造模式存在很大的差距,如何采取合适的方式处理这种差距,实施有效的进度管理是工业化建筑市场发展必须要解决的问题之一。工业化建筑能够有效地缩短工期,能够帮助企业迅速回笼资金,提高企业利润,但是工期的缩短也存在一个极限。如果不顾这个限制,一味地去追求更短的建造周期,这很可能造成机械和人员的高负荷工作,增加成本支出。同时也可能会引起工程质量存在缺陷,不能达到国家和行业相关质量标准,导致建筑在使用过程中存在安全隐患,不能满足消费者的日常生产生活需要。因此如何协调好进度、成本、质量之间的关系,是工业化建筑项目进度管理的重点。

3.3.1　进度管理的重要性

建筑工程的进度控制和质量控制在工业化建筑市场管理体系中有着同样重要

的地位,进度管理的好坏直接体现在项目能否按时保质保量完成,进而对企业的经济效益产生影响。进度管理主要是从人力的合理配置、资源的合理配置以及有效的进度计划制定等方面来实现的,通过对工程成本、工程质量、工程施工人员的合理配置来达到既定的工程目标,在保证工程质量满足规定要求的前提下,对工程所需的各种资源进行合理配置以实现施工企业经济效益的最大化。施工过程的进度计划对于进度管理有着重要的作用,进度计划是项目各个阶段施工活动的参照准绳,只有在施工之前以及施工过程中制定合理、可行的施工进度计划,才能使现场处于有条不紊地运作状态,保证各个施工活动安全、有序地开展,最终实现良好的经济效益,达到进度管理目的。

3.3.2 影响进度管理的因素

1. 人员因素

人力资源配置是影响工业化建筑项目进度管理的主要因素,由于工业化建筑初启动,除合理的人员配置外,足够多熟悉工艺的工程人员,是工程顺利进行的基础。在工程的施工过程中,每一步都需要人员的参与,并且各步骤之间也需要人员之间的配合,如果在进度管理中未能合理地配置劳动力,则会对施工进度产生直接的影响。工业化建筑项目是一项系统工程,各工作人员之间的协调十分重要,若协调不到位,很可能导致施工环节衔接不上,或者构件的预制和运输不到位,从而影响工程工期。

2. 施工现场环境

虽然工业化建筑可以大大减少现场湿作业,但是现场施工仍然是必不可少的环节。对于施工现场环境了解不清楚,就没有办法做到对于大型运输和吊装设备进行良好的调配、衔接,进而会影响工程进度。在施工设备及人员进场之前,如果没有对施工现场进行详细的考察,例如在施工现场的地质构成、水文条件、洪涝灾害、地震程度等因素还未进行彻底分析,遇到特殊地质情况该采取的特定解决措施还未制定之前,而仓促开展施工行为,在实际的施工过程当中很可能因为各种环境的原因导致施工不能顺利展开,严重的情况可能导致工程停工的现象,由此产生的施工问题不能进行及时的解决,导致进度不能跟上计划。

3. 工业化施工技术

工业化建筑在我国还处于起步阶段,很多施工技术的应用并不成熟。在施工过程中,施工技术问题主要包括施工操作流程的错误、施工精度不足、施工工艺的错误、施工方案的不合理配置、施工安全因素繁多以及不成熟技术的应用等。

4. 组织管理因素

导致工程进度管理失败的主要组织管理因素包括合同审批延误、对装配式建筑工艺的不熟悉、施工计划安排不当、施工组织不协调等，这些组织管理中出现的问题会导致施工过程中出现停工待料、施工延误等情况。另一方面，组织中相关管理人员的管理能力欠缺而造成的施工交接、施工配合上出现问题，也会导致进度管理的失败。

5. 工业化施工材料、设备因素

施工所需的材料、设备等也是影响工程进度管理的因素。在工业化建筑项目中，大量使用预制部件和大型施工设备，材料和设备的供应对于工期的影响巨大。由于目前工业化项目经验不足，经常会出现预制构件供应不足以及施工设备出现故障的问题，使现有资源不能满足施工的需要。而且对于新型材料的不了解往往导致资源的不合理利用，对于新型设备的不熟悉也会使得设备维护得不及时，可能存在对于设备的超负荷使用，导致设备发生故障，影响施工的进度。

6. 资金供应因素

资金的供应是保证所有工序顺利开展的基础，但是在实际情况下，由于融资和各方工程结算的问题，造成施工资金短缺使资金在施工各阶段的流动困难，最终导致工程停工的现象也屡见不鲜。因此，施工资金的保证也是确保项目进度的重要因素之一。

7. 设计因素

施工阶段的设计变更对于工程的进度管理也有着重要的影响。在工业化建筑中注重项目实施各阶段的协同工作，设计变更不仅仅会影响施工方的工作，也会很大程度影响构件生产商的工作，会严重影响工程进度。因此，在项目进行施工工作之前，要对建筑的投资额度、设计标准等进行严格的审查，加强项目参与各方的协同工作，坚决杜绝在实际施工过程中边设计边施工的现象发生；还要对相关的合同文件进行审查，预防由于合同文件不清楚导致的施工过程中设计变更的发生。加大对施工变更的监督、监管力度，能够有效地制约由于工程变更导致的资金流失以及工期延误等问题。

3.3.3 解决进度管理的措施

在工业化建筑项目的进度管理中，应该建立相应的制度管理机制，完善施工过程中的各项管理制度；对于开始施工前的方案设计应做出详尽的分析论证；对于施工过程中的人员以及设备的配置计划应做出合理的部署并且对于新材料、新技术进行深入的学习；对于施工各阶段中材料以及资金的使用安排应先进行大体的预算，随后制订可行的计划，充分保证施工过程中各项资源的供应充足；对于在施工过程中出现的设计变更问题，应及时制订针对性的解决方案，最终确保工程施工的各阶段能够顺利展开，实现进度目标的达成。

在施工前应制订合理的施工计划，施工计划的制订应该综合考虑工程施工的方方面面，通过详尽的调查与分析，最终按照实际的施工过程制订出每一个过程的详细合理的施工计划，并且在施工的各阶段严格按照施工计划的要求进行施工，合理划分责任区域。作为施工进度管理的人员，应该扎根于施工基层，要全面、具体地了解施工计划的实际落实情况，对于施工过程中出现的施工技术问题以及施工质量问题及时做出详细、合理的解决方案，确保工程的顺利开展。

在进度管理的过程中，还需要将施工各阶段的分工严格落实到制度层面，并且将各阶段中的施工工艺任务落实到每个人的头上，让每个人都对自己的行为承担相应的责任，实行责任约束机制和奖惩措施，以此提高施工人员的责任意识，使其更有效地完成属于自己那部分的工程施工内容。由此来保证工程施工的施工质量以及施工进度，更好地实现企业经济效益的最大化。

其次，还要提高企业管理人员在进度管理过程中对于进度管理的重视程度。在施工过程中，要定期组织企业管理人员进行有关进度管理知识的培训，逐步加强企业管理人员对于进度管理重要性的认知，并在实际的进度管理过程中主动采取积极的方式去进行管理，相互之间协调好进度管理的工作，实现有效的进度管理。在实际的进度管理过程中，还应该设置相应的奖罚措施，促进企业管理人员的进度管理行为，端正相关管理人员的管理态度，从根本上提高企业进度管理的整体素质。

在工业化建筑项目的进度管理中还需要培养高素质的管理人才，才能对项目进行过程中的新技术、新理念有更好的理解和运用。从企业的角度来说，企业应该定期组织对现有的管理人员进行管理知识再教育的培训工作，时刻提高企业内部管理人员的管理知识储备，以便在日后的管理工作中派上用场，不采用落后、老旧的管理方式，更好地带动企业的发展。从高校和教育科研机构的角度来说，应该将一些实际的企业管理知识渗透到教学实践过程当中，逐步强化学生的管理意识，使其在今后的职业生涯中能够更好地采用管理的意识去进行管理实践，完成管理工作。

虽然我国工业化建筑技术在不断地发展、创新,对于工业化建筑的管理制度也正在不断地完善。但是从我国目前的市场发展情况来看,工业化建筑市场还没有完全实现规范化,相关的管理制度和法规还需要进一步完善。因此,我们依旧需要加强施工过程中的进度管理意识,总结已有的进度管理经验,不断提高自身的管理水平。总而言之,想要工业化建筑市场得到长久稳步的发展,就需要在管理制度上进行不断地创新,以达到更好的效果。

3.4 安全管理

安全问题向来是各行各业关注的重点,而建筑行业又一直是安全事故高发的行业之一,因此,建筑行业中的安全管理就显得更为重要了。根据住房城乡建设部通报的房屋市政工程生产安全事故的情况,2015年全国共发生房屋市政工程生产安全事故442起、死亡554人,比2014年减少80起,死亡人数减少94人,事故发生的类型主要为高处坠落、物体打击、坍塌、起重伤害等,由此可见,建设工程中的安全管理仍是不可忽视的问题(李高锋、施佳呈、郝风田等,2016)。

建筑产业化作为我国建筑行业的发展方向,其中的安全管理更是不可忽视。随着预制装配式建筑的发展带来的新技术、新工艺以及新环境等,给建设项目的安全管理也带来了新的挑战,如何保障施工过程的安全,是工业化顺利发展的先决条件,是我国建筑行业应承担的首要责任。

3.4.1 预制装配式施工特点

预制装配式施工方法顺应了建筑工业现代化的要求,具有如下的施工特点:

1. 工业化建筑给建筑业带来四大变革

第一大变革是将现场湿作业生产变为工厂生产,把原来在施工现场繁重复杂的作业任务搬到工厂中进行流水线上生产,像预制柱、预制叠合梁、预制叠合板、预制阳台板、预制飘窗等预制构件均搬到预制工厂中生产。第二个变革是将流水施工过程变为总装,将预制装配式构件直接进行吊运以及安装,而不必再在施工现场进行现场施工作业。在此情形下,施工现场类似于一个制造企业的总装车间,通过将每部分的预制构件按照设计方案进行拼装,最终组建成理想的建筑。第三个变革是农民工变身产业工人。在预制装配式工厂生产中,不再需要工人进行高强度的体力付出,现场施工人员也只需进行组装,掌握预制装配、吊装技术即可。第四个变革是技术工人向操作工人的转变。由原本的人工现场技术施工转变为操作机械施工,降低了对个人的技术依赖,也正是因为这样才能够保证工程的质量处于可控制的范围内,实现高质量、高效率的完成建设。

2. 构配件的流水线生产

预制装配式施工状态下主要的构配件都实现在预制工厂中进行预制加工,这种方式能够使产品实现标准化生产,也容易保证产品的质量符合设计要求,从而提高整个项目的建设质量,还能够使进度和成本在可控制的范围内波动。

3. 节能环保

预制装配式施工技术在节能环保方面的作用体现为无外脚手架搭设、无现场砌筑、无现场抹灰等施工方式,能够最大化地实现绿色施工。研究数据显示,装配式施工可以节约土地20%、节约材料20%、节约能源70%、节约水量80%。

4. 现场施工以吊装为主

以剪力墙结构装配式住宅项目为例,其标准层施工工序为:预制装配式构件卸车摆放→外支撑架安装→划线定准→吊装外墙板→钢筋校准→安装斜支撑→安装电梯处钢筋→安装PCF板→钢筋校准→吊装内墙板→灌浆封塞→现浇部分钢筋绑扎、支模、浇筑混凝土→安装叠合板支撑→安装叠合板→安装楼梯→穿管、钢筋绑扎→现浇叠合板,传统的"绑钢筋→支模板→浇筑混凝土"的工序转变为了在预制工厂生产、在现场吊装预制构件的过程(李高锋、施佳呈、郝风田等,2016)。

3.4.2 装配式建筑施工安全管理要点

下面将以装配式建筑施工的特点与难点为例,从预制构件运输、现场存放、吊装、临时支撑体系、脚手架工程、高处作业安全防护、技术工人安全培训七个方面来具体阐述装配式建筑施工安全管理的要点。

1. 预制构件运输

对于预制混凝土剪力墙等构件,其长度与宽度应该远远大于厚度,而且由于正立的放置方式会因为构件自身的稳定性较差而发生倾倒,因此应采用带有侧向护栏或者其他固定措施的专用运输架对其进行运输,以适应运输时会遇到的如道路及施工现场的场地不平整、颠簸等情况,使构件不发生倾覆。

在这方面我们可以学习德国的预制构件的运输技术,德国普遍采用专用运输车对预制构件进行运输,运输措施为:先将预制构件置于运输架上,随后降低运输车后部拖车的高度并倒车使运输架嵌入车内,然后将拖车提升到正常的高度,最后再通过智能机械手臂给构件提供侧向支撑。通过这样的运输措施,能够有效地保障构件在运输过程中的稳定性与安全性。

2. 预制构件现场存放

当预制构件从工厂批量运输到现场并且尚未进行吊装前,应该统一分类存放于为预制构件专门设置的构件存放区。存放区的地面应平整、排水通畅,并且具有足够的地基承载能力。对于存放区位置的选定,应便于起重设备对构件的一次起吊就位,尽可能地避免构件在现场发生二次转运。对于应放置在专用存放架上的预制构件,应按照要求摆放以避免构件倾覆造成损失。还要严格禁止工人由于非工作原因在存放区进行长时间的逗留或休息。

3. 预制构件吊装

(1) 起重设备能力的核算

预制构件的吊装是装配式建筑施工中的关键环节,吊装构件的起重设备型号的选择、数量的确定、位置的规划布置等是否合理会直接影响到项目施工的进度以及施工的质量甚至是施工过程中的安全问题。因此根据所需预制构件的外形、尺寸、重量、数量、所处楼层的位置等具体的情况分别汇总列表,再依此确定所需要起重设备具备的能力并选择合适的起重设备。

(2) 装配式建筑施工定时定量施工分析

在制定完成装配式建筑施工的分区以及施工流水的基础上,施工单位应该建立装配式建筑施工定时定量施工分析规划,根据每日各时间段需要使用的起重设备和需要进行吊装的构件数量以及需要配备的工人数量等信息,将近期的详细施工计划用定量分析表的形式列出,并且按表施工。如果遇到变更,应该根据变更及时对定量分析表进行修改。通过定时定量施工分析,可以避免盲目施工、无序施工以及起重设备超载等不安全事件的发生。

(3) 塔吊等起重设备的附着措施

预制构件往往自重较大,因此对于塔吊等起重设备的附着措施的要求十分严格。在预制构件进行工厂批量生产之前,建设单位与施工单位应就附墙杆件与结构连接点所处的位置向预制工厂进行交底,使连接螺栓预埋件在构件预制的过程中就已经完成准确到位,以方便在之后施工阶段塔吊附着措施的精确安装。根据规范要求,附墙杆件与结构之间的连接应采用竖向位移限制、水平向转动自由的铰接形式。并且附墙措施的所有构件宜采用与塔吊型号一致的原厂设计加工的标准构件,并依照说明书进行安装。因特殊原因无法采用上述标准构件时,施工单位应提供非标附墙构件的设计方案、图纸、计算书,经施工单位审批合格后组织专家进行论证,论证合格后方可制造、安装、使用。

(4) 预制构件专用吊架

对于预制构件的吊运如果采用传统吊运建筑材料的方式进行,可能会导致吊点破坏、构件开裂,严重时甚至可能会引发生产安全事故。因此,应根据预制构件不同的外形、尺寸、重量等特征,采用专用的吊架(平衡梁)来配合吊装的开展。采用专用吊架协助预制构件起吊能够使构件在吊装工况下处于正常的受力状态,不至于使构件的损坏,同时也保证了工人在进行安装操作过程中处于高效、方便以及相对安全的状态。

(5) 其他吊装安全注意事项

对于较大吨位预制构件的起吊,构件起吊离地后,应保持该状态约10s,观察起重设备、钢丝绳、吊点以及起吊构件的状态是否处于正常状态,确认无异常情况后再继续进行吊运。遇到六级及以上大风的天气时,应及时停止吊装作业。即便在正常天气情况下,在预制构件吊装的过程中也要实时监测风力、风向对吊运中构件摆动的影响,随时控制吊运过程的进行,避免构件意外地碰撞到主体结构或者其他临时设施。

4. 预制构件临时支撑体系

(1) 预制剪力墙、柱的临时支撑体系

预制剪力墙、柱在吊装就位、吊钩脱钩前,均需设置临时支撑以维持构件自身的稳定,避免发生倾覆造成不必要的损失。根据规范的要求,斜撑与地面的夹角宜为55°~60°,上支撑点宜设置在不低于构件高度2/3的位置处,支撑高度必须大于构件重心的高度,为避免高大剪力墙等构件底部发生滑动,还可以在构件下部再增设一道短斜撑。

(2) 预制梁、楼板的临时支撑体系

预制梁、楼板在吊装就位、吊钩脱钩前,从后期受力状态与临时架设稳定性考虑,可以设置工具式钢管立柱、盘扣式支撑架等形式的临时支撑。

(3) 临时支撑体系的拆除

对于临时支撑体系的拆除应该严格按照安全专项施工方案实施,对于预制剪力墙、柱的斜撑,在同层结构施工完毕、现浇段混凝土强度达到规定要求后方可拆除;对于预制梁、楼板的临时支撑体系,应根据同层及上层结构施工过程中的受力要求确定拆除时间,在相应结构层施工完毕、现浇段混凝土强度达到规定要求后方可拆除。

5. 脚手架工程

当施工人员在进行预制外墙施工时,外脚手架的搭设能够为其提供一个操作平台并且可以作为对施工人员有效的安全防护措施。图3.6所示的是外挂脚手架挂点的设置情况,从图中可以看出其挂点是事前安装于预制外墙上的,完成首层外墙的吊装施工后,可以直接通过起重设备将挂架的各单元吊装于事前安装在预制外墙上的挂点的槽口内,形成上层结构的施工操作平台并且作为施工人员的安全防护保障,而且挂架可以随着施工的进程逐步向上提升,方便施工的连续、顺利进行。

图3.6 外挂脚手架挂点设置

图片来源:罗杰、宋发柏、沈李智等,2016

6. 高处作业安全防护

对于高空作业的施工人员来说,工人个体处于坠落隐患凸显的位置,在此施工状态下除了加强预防高空坠落安全教育的培训、监管等措施之外,还可以通过设置安全母索和防坠安全平网的方式对高空坠落事故进行主动的防御。

图3.7为通过在框架梁上设置安全母索所能够达到的预防高空坠落的效果示意图。安全母索的设置能够给在高处作业的工人提供可靠的绳索系挂点,并且不会影响工人在施工时进行移动性的操作。根据示意图的展示,在框架结构的钢梁翼缘设置专用夹具或在预制混凝土梁上预埋挂点,可以将防坠安全平网轻松、简单地挂设在具有防脱设计的挂钩上,当工人不慎坠落时,可实现对梁上作业人员的防坠拦截保护。

当预制构件吊装就位后,工人需要到构件的顶部进行摘钩作业,此类工作也往往处于高处作业,可以考虑采用在移动式升降平台上开展,这种方式既方便又安全;还可以考虑采用半自动式脱钩装置,这样能够有效地减少人工摘钩的工作量,不仅确保了人员的安全还能加快施工的进度。如果在高空摘钩作业时采用的是简易人字梯等工具进行登高,则需要安排专人对登高过程中梯子的状态进行实时监护。

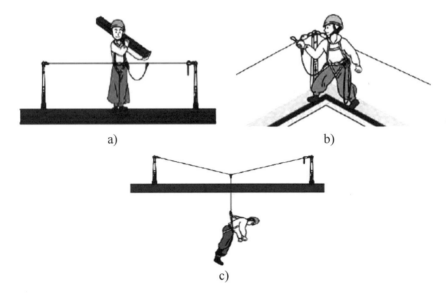

图 3.7 安全母索的使用效果示意图

图片来源:罗杰、宋发柏、沈李智等,2016

7. 技术工人安全培训

习惯了传统施工方式的现场施工工人显然已经难以适应装配式建筑施工的要求,因此在项目施工之前以及施工过程中频繁地对参与项目建设的工人开展相关的技术技能、安全培训教育是十分必要的。从国内开展装配式建筑施工先行城市的实践经验来看,对于现场员工的培训工作主要还是由施工企业组织,由于工业化还处于新型形态,未来各地的建设行政主管部门是否考虑将装配式建筑施工涉及的新型技术工人纳入特种工人行列以及如何对其进行系统的培训、考核与管理,是需要我们进行进一步研究的课题。

中共中央国务院在《关于进一步加强城市规划建设管理工作的若干意见》中提出:力争用 10 年左右时间,使装配式建筑占新建建筑的比例达到 30%。这一政策的提出为我国建筑业的发展指明了方向,这样的发展对于工业化进程中的安全生产问题产生了重大的影响。一方面,工业化的发展使部分原本在施工现场工作的员工转移到了环境相对安全的工厂中,减少了施工现场中从事高风险作业群体的基数。也可以通过减少施工现场危险源的种类与数量,将存在安全隐患的工序尽量迁移到工厂内完成,进一步降低现场工人个体的安全风险。另一方面,对于新兴的工业化发展,各个省市关于装配式建筑施工安全的技术规范尚未出台,对于从业的工人也没有出台相应的培训、考核与管理制度,这样的现状使工业化的发展处于一种不安全的发展境况下。此种形势下,我们应该积极地参与到装配式建筑施工的理论与实践研究中去,通过不断的技术创新、理论创新以及管理创新,建立并完善适合于装配式建筑的施工安全管理制度,保障我国工业化进程在一个安全生产的形势中持续稳步地发展(罗杰、宋发柏、沈李智等,2016)。

3.5 合同管理

建筑工程合同是《中华人民共和国合同法》规定的十二项有名合同中的重要一项,是约定工程项目承发包双方之间权利义务关系的要式文件。建筑工程合同有助于控制工程的预算、进度、质量,合同管理也是工业化建筑管理中十分重要的内容。

工业化建筑项目参与方众多,各方工作之间也存在很多交界面,承包商和发包方之间的所有事宜都通过合同来予以明确,建立规范的动态的工业化建筑合同管理体系,有助于明确承发包双方之间的权利义务关系,避免出现纠纷等事宜,也有助于控制工程预算以节约工程成本,同时也有助于建立更加稳定、规范的建筑工程市场。

3.5.1 合同管理的必要性分析

我国建筑市场发展过程中普遍重生产、轻管理,合同意识淡薄。由于多年来形成的建筑市场的轻视管理、轻视合同文件等思想,导致我国建筑市场一个工程干完总是存在着很大纠纷,处理纠纷耗时耗力且造成了利润率的降低。所以在发展工业化建筑市场的过程中,要注重培养合同意识,即时拟定书面文件,尽量避免纠纷。

鉴于建筑工程领域内工程资金庞大、工期长且变更频繁,建筑工程领域并不适合口头承诺的情况。只有实行有效的合同管理,避免出现口头承诺最后产生纠纷的情况,才能最大限度地保证工程进度、质量成本都得到有效的控制。

目前我国工业化建筑市场机制不健全,因此会出现恶意竞争、毁约、侵犯权利等情况,此时更加需要详细的合同约定和规范的合同管理来约束这些行为,需要采用更加规范的方式,在新的经济形势下利用法律的武器来保证自己权利不受侵犯。

3.5.2 合同管理的方法

合同管理中应尽量采用《建筑工程施工合同(示范文本)》,此文本由于其规范性和普适性,更加容易在管理中实行。建筑工程合同管理主要有以下几个方面的重点:

(1) 时间。包括:合同签订时间、合同生效时间、合同工程的时间控制等。

(2) 资金。包括:工程总体造价、工程建设各原材料的资金投入以及违约赔偿数额的问题。

(3) 文件。包括:合同文件的组件、招标合同书、合同初稿等各类文件。

(4) 范式文本中出现的其他内容(江晋宁,2014)。

一般工业化建筑工程合同的工程量大,因此在实际的工程建设过程中常常会出现发包和再发包的情况,因此其管理的难度是很大的。合同从产生到效力消灭可能需要历经要约、反要约、承诺、草拟、分析、拟定、签订等多个环节。因此建立一个贯穿工业化建筑项目各个环节的建筑工程合同管理制度是非常必要的,基本需要包括以下几个方面:建立合同交底、责任分解制度以及进度报送的制度;建立合同管理人员培训制度,来使得合同管理人员有必要的素质来更好地落实合同管理;建立工作风险综合管理制度,来综合管控工程风险。

其他应该建立的制度:(1)索赔制度。索赔的前提是合同一方当事人违反合同约定给另一方当事人带来了损失。索赔制度的意义在于对合同双方进行一定的约束,来促使其认真履行合同所规定的义务。(2)奖惩制度。奖惩制度的核心目的在于提高工程建设的质量和效率。在工程建设之后,对工程进度、质量等方面进行必要监督,对于发现的违反合同事项的行为进行一定的惩罚,有利于保证合同的严肃性。而对于促进合同建设的行为则进行一定的奖励有利于提高建设积极性(江晋宁,2014)。

在合同的风险防范方面,实现工业化建筑工程合同的谈判权、审查权、决定权三权分立,有助于减少合同拟定时由于疏漏而产生的合同不健全和发包方附加的霸王条款。作为发包方,在合同签订之初,就会将自己放置在签订合同的有利地位,聘请专家签订对自己有利的条款,还会存在部分暗含的霸王条款,使得承包商在工程结束后很难索赔,权利受到侵害,因此,承包商需要增加此方面的抗风险能力,适当地采用风险规避、风险转移、风险分担等手段。同时,承包商也要建立专业的合同管理人员,或者聘请咨询公司代为进行合同管理事务,避免由于合同条款不清导致的损失。

第4章 市场运营

从广义的角度而言,市场运营是指企业通过市场营销、产品开发、品牌管理等市场开发行为以取得利润或提高市场占有率。市场运营是企业管理工作的重要组成部分,也包括了计划、组织、领导、控制等各项管理职能。而市场运营与企业日常管理活动的不同之处在于,其管理对象为企业的产品生产和服务活动,并进行相应的开发、运行和销售,企业市场运营是一项系统化、集成化的管理活动。工业化建筑,意味着以社会化大生产的方式来进行建造活动,将制造业的理念引入建筑业,建筑项目的产品和服务属性不断加强。因此,进行有效的市场运营有助于建筑企业在工业化建筑市场中占据一席之地。工业化建筑在我国正处于初步发展和普及阶段,市场对于工业化建筑的认识程度和接受程度还不高,如何打开工业化建筑的市场是摆在我们面前的最大问题。所以本章更着重于对市场运营中的市场开发方面进行介绍,主要包括市场运营分析、目标市场选择以及市场运营模式三方面的内容。

4.1 工业化建筑市场的运营分析

建筑产品相对于普通产品具有高值性、长期性和固定性等特点,工程项目参与人员众多,涉及社会生产的很多部门,因此工业化建筑产品的市场运营环境也更加复杂。运营分析是企业在进行市场运营之前必须要完成的步骤,只有对企业面临的环境进行细致全面的分析,才能准确把握目前的市场环境和市场需求,结合公司的内部能力,才能制定出符合公司发展和市场要求的市场运营策略。本节将市场运营分析总体上分为宏观运营环境分析和微观运营环境分析两个阶段,宏观运营环境分析包括行业政策环境分析、经济环境分析、社会环境分析、技术环境分析、市场需求分析,微观运营环境分析则采用常用的SWOT分析。

4.1.1 行业政策环境分析

1. 政府出台多项工业化建筑的利好政策,积极推动工业化建筑发展

(1) 中央出台指导文件,明确工业化建筑作为未来发展方向。

为了推动建筑行业的转型升级,由劳动密集型转变为技术密集型,解决社会巨大的建筑需求和落后的建筑生产力之间的矛盾,国家大力推动工业化建筑的发展。2016年2月,中共中央国务院发布《关于进一步加强城市规划建设管理工作的若干意见》和《关于大力发展装配式建筑的指导意见》,政策提出:"加大政策支持力度,力争用10年左右时间,使装配式建筑占新建建筑的比例达到30%。"表明了国家对工业化建筑的重视和支持,明确了我国建筑业的进一步发展方向。国家宏观政策上的利好,能够刺激市场,实现对工业化建筑的推广应用。政府也出台了一系列具体的项目补贴和相关产业扶持政策,可以推动上下游产业链的发展,尽快完成工业化建筑流水线的建立,形成规模效益,从而大幅度降低成本,打开工业化建筑市场,将工业化建造模式作为未来主要生产模式。

(2) 地方政府贯彻中央指导精神,结合当地建筑市场发展情况,出台多项扶持和利好政策发展工业化建筑项目。

在政府出台了一系列关于工业化建筑的指导政策之后,全国各地的地方政府纷纷响应,推出许多地方性支持政策,将中央的指导精神细化,切实地为工业化建筑项目提供优惠,普及工业化建筑。以上海为例,上海政府在推广工业化建筑方面推出很多切实的政策。自2015年1月1日起实施的上海《关于推进本市装配式建筑发展的实施意见》规定,2016年起外环线以内新建民用建筑应全部采用装配式建筑、外环线以外超过50%预制装配率达到40%及以上的,每平方米补贴100元。另一规定更加大幅推动工业化建筑:对自愿实施装配式建筑的项目给予不超过3%的容积率奖励。在寸土寸金的上海,容积率的提高对于开发商而言是巨大的利益。在利好政策的刺激之下,上海的许多开发商都支持政策,选用装配式建筑,上海装配式建筑市场暴增。上海市住建委数据显示,2014年全市装配式建筑落实量达到312万平方米,较2013年翻了一番;2015年落实装配式建筑近600万平方米,装配式建筑产能也年均增幅超过100%。但是,由于地理位置、思想观念等多种因素,并非每个地方都能够像上海一样大力推动工业化建筑的发展,各地政策不一、执行力度也不同,总体而言在政策上对工业化建筑都是扶持和推广的。

2. 城镇化建设发展推动住宅需求

城镇化建设是我国未来发展的重点,在"十二五"规划中预计我国城镇化率将超过50%。随着城镇化发展,将有大量的农村人口转变为城镇人口,对于住房和相应的基础设施建设的需求也会有大幅提升,特别是三、四线城市,预计在未来20~30年间房地产市场仍将维持较快幅度的增长。据国家统计局信息,我国农村居民的人口在7.2亿左右,接近2亿户,其中每年有8%~10%左右的农村居民存在更新住房等需求。预计未来农村家庭对楼房住宅巨大的急切的需求必将为工业化建筑带来新的发展机会(杨剑,2017)。

3. 限购限贷政策的出台不利于工业化建筑市场的发展

我国的建筑行业属于强管控行业,政府颁发的各项管理和控制政策,都会很大程度上对市场发展产生冲击。2016年多地房价出现非理性上涨,热点城市在国庆节前后纷纷重启限购限贷政策,上海、北京、郑州、成都、济南、无锡、合肥、武汉、南京、南宁、广州、深圳、佛山、厦门、东莞、珠海、福州、惠州等超过20个城市继续收紧调控,提高购房资格或贷款门槛等。例如武汉,2016年9月至12月期间,连续4次出台调控政策,从单纯限贷,提高二套房贷款比例,到限购限贷,再到扩大限购范围,调控的力度和范围不断扩大。在2017年两会期间,政府多次提到"房子是用来住的,不是用来炒的",在政策上明确了房地产的定位,房地产进行新一波的调控已属于必然事件。房地产调控政策的出台,压制投资和投机性购房行为,意在进一步抑制房价不断向上攀升的状况,促使消费行为回到以刚需购房为主的情况,让市场恢复理性,这将在一定程度上抑制非刚需住宅在国内的需求,提高了房地产企业拿地建设的难度,从而抑制了工业化建筑的发展。

4.1.2 经济环境分析

1. 制造业产能过剩,企业向第三产业转型

在过去十多年的时间中,我国经济一直依靠着庞大的出口导向型制造业和浩大的房地产建设飞速发展。可随着政府的限购政策和建筑环保政策的颁布、劳动力成本的不断升高、房地产投资的降温,房地产行业发展势头开始不断降低,国内制造型企业最近几年来也一直以较快的速度不断萎缩。官方采购经理人指数(PMI),这个反映工业企业的风向标在2015年度中连续性地创下了较长时间以来低于经济枯荣线(50)的最低水平。同时,一些外资被东南亚低廉劳动力和丰富的资源所吸引,为了降低劳动力成本和原材料的运输,将部分制造业转移到国外,造

成了国内供应链采购数量的减少,导致国内制造业产能的过剩情况进一步加剧,挤压了相关企业的利润。企业的发展重心开始向服务业和投资转移,实况显示这几年民营资本更多地投向了服务业,这样就更加加剧了中国整体宏观经济的放缓(杨剑,2017)。

2. 信贷控制加强,增大融资难度,要求开发企业筹集资金多元化

建筑行业属于资金密集型行业,一直以来开发商都习惯在项目筹建过程中,通过融资、贷款等方法逐步筹集项目资金,其中银行借贷为最主要的方式。随着国家宏观调控政策的出台,不仅对于购房者实施限购限贷政策,而且银监会也收紧了对于房地产企业的建设单位的融资借贷。银行加大了对企业的审核,进一步提高了借贷和融资的难度,信贷规模逐渐萎缩。与此同时,越来越多的工程业主在施工合同中明确要求工程部分软垫资(按工程进度付款)或者提供现金保函(额度通常在工程总造价的 10% 左右),银行开具现金保函则需要企业支付 30% 的保证金,这些都会导致企业的流动资金严重不足,企业的正常运转受到影响。所以资金问题会成为决定企业是否生存的一大关键因素,开发商必须筹集资金多元化。

反观目前中国的房地产金融现状,不难看出其组织结构体系明显不完善,仅有非专业性房地产金融机构即商业银行为房地产提供融资服务,缺少专业性住房金融机构和向住房融资提供担保或保险的机构,这就使得中国房地产金融组织构架单一化。

3. 经济快速增长促进房地产业快速发展

虽然近年来我国经济增速处于平稳放缓的状态中,但仍处于一个较高的经济发展速度中,人民收入水平不断提高,对于生活品质有了更高的追求,这都导致了人们对住宅品质的要求的不断提高。除了自住的刚性需求之外,对住宅的投资数量不断增加,成为推动工业化建筑迅速发展的经济支撑(张伟,2005)。

4. 经济全球化为住宅产业带来新的发展契机

随着经济全球化的不断发展,给工业化建筑带来新的发展机遇。国外的企业拥有雄厚的资金和先进的技术并且工业化建筑模式已经发展到一定完善的程度,这类国外企业进入我国建筑行业,必然会带来工业化建筑的新技术、新理念。这种高效率、高质量、低成本的建筑模式一定会对我国的传统建筑企业形成强大冲击。我国企业必须顺应时代的发展,大力推行工业化建筑,从而开辟出一条可与外国企业抗衡的新的发展道路(刘思,2006)。

4.1.3 社会环境分析

1. 人民日益增长的居住需求与住宅产业落后的生产力水平之间存在突出矛盾

我国人口基数庞大,城镇化建设势头迅猛,国民对住宅的需求量十分庞大;而国民经济的飞速发展和人口老龄化现象的日趋严重,也对住宅的功能和品质提出了新的要求,不同消费群体之间对于住房的要求也存在很大的差异。所以,国民对住宅有着旺盛的需求,住宅产业面临着在短期内保质保量地完成住宅建设工作的挑战,并且需要针对不同群体需要进行建设。

同时随着我国城镇化建设的不断推进,住宅产业得到了蓬勃的发展。但是,住宅产业总体来讲仍处于粗放型、低层次的发展阶段:工业化、标准化程度低;产品规范性、通用性差;科技含量低,产品质量不稳定;劳动生产率低,造成建筑成本高、生产周期长、经济效益差。这些缺点直接导致了传统的建筑模式无法在短期内迅速且高质量地满足国民对住宅的旺盛需求。而这些缺点的根源在于人民日益增长的居住需求与住宅产业落后的生产力水平之间存在突出的矛盾,只有推行工业化建筑,才能从根本上解决该突出矛盾。

2. 劳动力因素让我国工业化建筑进程面临新的机遇和挑战

人口老龄化和国家的一系列鼓励务农的措施,使得外出务工人员与之前比较有所减少。目前建筑工人的平均年龄基本在45岁以上,青壮劳动力的数量大幅减少,并且女工比例明显增大,这就表明我国劳动密集型产业的劳动力极其欠缺,由此产生用工荒现象和劳动力成本大幅上涨。但是采用工业化建筑的方式,可以极大地节省劳动力,普通的组装工作只需要少部分人就能保质保量完成,让传统的建筑工人转变为新型的产业工人。

但是就目前的情况而言,我国的房地产业依然是个劳动密集型产业,劳动力相对廉价,工人劳务成本占总成本中的比例较低。同时要想实现工业化建筑的流水线、规模化大生产,需要投入大量的资金(即实现房地产由劳动密集型向技术密集型转变)。为了实现现阶段利益最大化,企业缺乏实施产业化生产的源动力。而在国外,房地产业是技术密集型产业,劳动力过于昂贵直接推动了工业化建筑的实现。

3. 思想观念落后,人们对住宅产业化大多持观望态度

多年来受到传统建筑模式的影响,住宅产品的消费主体人群总是在主观上盲目认为工业化的建筑模式所建造出来的组装建筑并不如传统一砖一瓦砌出的建筑结实稳定。而工业化建筑所具有的其他优势,如低能耗、绿色环保和节能措施等,

也很难一下子吸引到普通消费人群的眼球。要想转变这种落后的思想观念,让消费群体认可工业化建筑,还有很长的一段路要走。

4. 部分企业盲目追逐眼前利益最大化,见识短浅,囿于现状

在房价不断飞升、购房需求量极大的背景下,房地产开发企业能够在不用付出过大投资成本的前提下轻松获得巨大收益,但是整个社会却在资源、生态和能耗上付出了昂贵的建设成本。部分企业盲目满足于现在的高效益,主动忽视了传统建筑模式对环境和自然的影响,囿于现状,故步自封。它们无视国际的先进技术未来会带来的巨大效益和对环境的保护,仅仅担心现阶段的研发和推广可能降低利润。这些经营理念会给工业化建筑的推进带来很大的阻碍。

4.1.4 技术环境分析

1. 工业化建筑所需的部件流水线发展不完善

由于建造技术和建造理念的不断进步,现阶段我国的建造施工技术和建筑设计能力已经达到产业化要求,但是作为工业化建筑中独有的重要组成阶段的构件生产制造阶段却没有得到相对应的发展。而构件生产作为工业化建筑的核心环节,制造生产各类产业化部件的流水线建设没有及时跟进,极大地阻碍了工业化建筑的发展。若为了产业化而选择购买进口产业化部件,则成本相当高,并不利于工业化建筑的推广普及。

2. 科技含量在迅速增长,部分技术研发已达到国际领先水平

在政策的引导和科研人员的努力研究下,我国工业化建筑的技术研发取得了质的突破。科技进步对住宅产业的贡献率已比"九五"末期提高了 6.4 个百分点,达到了 31.8%,极大地推动了工业化建筑市场的进一步拓展。目前,住宅方向研究、推广的技术主要有:住宅规划设计标准研究,建立具有现代意识的住宅规划设计理论,建立中国住宅产业信息系统,开展住宅性能评价标准研究、住宅功能空间标准研究、住宅建筑模数标准与部品化研究、住宅部品流通供配体系研究等。同时我国也努力加大高新技术和住宅产业的融合,将微电子技术、信息技术、生物技术、新材料、新能源等高新技术应用于住宅的生产技术、材料技术、建筑节能、居住环境和居住功能等方面,从而为解决技术难题、提高质量和效益提供了可靠的技术保障。

3. 总体综合比较,我国的建筑业技术仍处于粗放型发展阶段,综合技术依旧落后

即使近几年我国住宅业的科技水平在不断提高,但是由于我国的工业化建筑

起步时间晚、起步水平低,从总体来看,全国和各地区的住宅产业技术进步贡献率仍旧处于比较低的水平。住宅的工业化标准体系尚未建立,我国目前工程项目施工还是以现场手工作业、湿作业为主,没有形成规模性的工业化建筑项目。总体上,我国建筑行业依旧采用粗放式发展模式,许多新技术、新理念在科研和理论方面已经成熟,但是没有在实际应用中普及,实际的施工技术仍处于比较落后的阶段。

4.1.5 市场需求分析

1. 工业化建筑可以迅速缓解我国庞大建筑市场的紧张需求

自改革开放以来,我国的经济水平不断提高,人民生活质量也得到了改善,这些都导致了我国建筑市场的巨大需求。随着基础设施建设快速发展,铁路工程、公路工程以及城市轨道交通等基础设施的需求不断增长,我国不断推进新城镇建设,新城镇居民人口不断增长,对新城市住宅的需求日益增大。原有的城市居民随着生活水平的提高,也拥有了改善住房条件的需求。各类工程项目都拥有很大市场潜力,只有高效率、高质量、低成本的工业化建筑可以迅速地满足如此庞大的市场需求。

2. 工业化住宅能较好地适应未来生活变化的要求

工业化住宅便于更新改造。由于家庭生活条件、家庭人口、年龄构成等的变化,人们对住宅的功能、外貌的需求是处于动态变化中的。工业化住宅的各个部品是自由组装的,相较于传统的住宅建筑更有利于对原住宅进行更新改造,重新划分室内空间,更换建筑设备和部品。

3. 工业化建筑满足市场对于绿色、环保的需求

工业化住宅用料节省,消耗资源量少。大多都使用不对环境造成破坏、不破坏土地或少破坏土地的材料和技术,比较符合国家对绿色建筑的需求,可以响应政策的号召,获得政府补贴。同时随着人们环保意识的加强,对于绿色建筑有了新的认识和需求,工业化建筑在建造和使用过程中可以极大地节约资源,有利于成本的降低和环境的保护。

4. 满足项目所在地的实际需求

由于住宅本身的特点,工业化住宅充分考虑了当地的资源状况、原材料生产供应状况、经济发展水平、技术管理水平、交通运输、当地的生活习惯、风土人情、历史文化传统等因素,有利于满足项目所在地的实际市场需求。

5. 工业化建筑可以减少建造过程中所需的劳动力,从而降低成本,为市场提供质优价廉的产品

基于国内温和的通货膨胀(据宏观经济学理论:温和的通货膨胀有助于国民经济的快速增长)、货币供应量远高于经济增长的速度(货币供应量增幅比 GDP 高近一倍)两方面原因,导致了国内物价的上涨。再加上国家开始重视农业、取消"农业税"、鼓励农民回乡务农,这些都导致了劳动力减少,从而使得劳动力雇佣价格上升,建筑企业面临的劳务成本必将上升。而企业成本的上升,必将以房价的上升反馈给市场,不利于满足普通大众的住房需求。

4.1.6　SWOT 分析

SWOT 分析法是指分析企业自身的竞争优势(Strengths)、竞争劣势(Weaknesses)、机会(Opportunities)和威胁(Threats)。SWOT 分析是常用的微观环境分析方法,通过 SWOT 分析法可以将公司的内部资源和外部环境有机地结合,可以对企业的经营状况有更深一步的了解,从而优化企业的战略制定。本书并不针对某一特定的企业进行 SWOT 分析,而是整理出各类建筑企业在实施工业化建筑过程中的共性,并进行分析,为企业在工业化建筑的进程中提供建议。

1. 优势分析

(1) 工业化建筑现场施工速度快、进度可控。

工业化建筑其基本思路就是以社会化大生产、流水线生产方式代替传统现场施工,以大量的预制装配式构件代替现浇。能够大幅度地减少现场湿作业,只需要运用大型运输和吊装设备在施工现场进行节点的安装,减少了现场施工的步骤和现场混凝土构件养护所需时间,现场施工速度快。许多构件如墙壁、门窗、屋顶均已在流水线上生产完毕,在项目建设中只需要将各部品进行组装,受外界天气等因素影响小,便于进行进度管理,极大地缩短了施工周期。

(2) 质量有保障。

工业化建筑是按照做工程机械产品的方式去做建筑产品,这样的研发体系和研发思路与传统的建筑施工是完全不同的。采用工业化建筑的方式生产的房子,建筑精度可控制在 2 毫米以内,表面平整度偏差小于 0.1%,外墙面砖抗拉强度提高 9 倍。墙体空鼓、开裂这些老问题基本上不可能出现,工业化住宅的质量将得到严格控制。

同时,生产部品是在工厂内完成的,生产环境完全可控,不受气候条件影响,能

有效阻止现场施工建筑物及材料的退化。工厂施工人员只负责自己专长的部品，日复一日的工作熟能生巧，完全可以保证产品的质量。

（3）节省劳动力。

采用工业化建筑的方式，大部分构件都采用了工厂预制和施工现场机械化吊装施工的方法，减少了现场施工的工程量，普通的组装工作只需要少部分人就能保质保量完成，可以极大地节省劳动力，降低劳动力成本，缩短工期。

（4）节约成本。

工业化建筑是将各个部件集中在一个环境受控制的地方制造，而不需要忍受工地多变的建筑条件。工地条件变化不但会增加巨额的成本，而且会大大超出仔细定制的生产计划进度。传统现浇工艺施工很容易受到许多因素的影响，包括严酷的气候条件、无法利用精密复杂的生产工具、场地受限无法施展手脚、分包商耽搁、储存在工地的建筑产品和材料损坏、送货问题，加上员工生病、受伤和松懈等。而工业化建筑可以极大地解决这些问题。在更换有缺陷的材料时，由于工业化住宅可自由组装，更换时也减少了时间和成本的浪费。工业化住宅生产也可以极大地缩短项目建设周期，生产周期越短，越可以节省一笔建筑贷款利息。施工快、后期维护成本低等优势也可以使得间接成本大幅下降。

（5）建造、居住等各个过程都绿色无污染，符合适宜人类居住的高品质环保住房要求。

采用工业化建筑的模式建造住宅，在建设过程和维护过程中都会尽量地节约资源，合理利用本地资源，这样既没有工业废物的污染，同时也改善了生态环境，有利于环境保护，符合绿色、生态的标准。同时，工业化建筑极大地减少了现场湿作业，解决了施工现场脏、乱、差的问题，也减少了对于施工现场周边环境的影响和污染。

2. 竞争劣势

（1）全国范围内没有形成统一的工业化建筑行业标准体系。

预制构件设计标准没有统一，导致构件流通性差。设计阶段的标准与工厂预制标准不统一，所设计的结构构件的尺寸与工厂预制模数不匹配，导致构件无法实现工厂预制，也会造成构件在运输和吊装方面的障碍。虽然国家目前已经逐渐推出了多项政策扶持工业化建筑的发展，对于工业化建筑项目提供政策性优惠，但是在相应的标准制定上却没有形成体系，除了设计标准以外，相应的工程定额、施工规程、验收规范等也缺乏全国通用标准体系，导致实际施工中很多问题和纠纷的产生,这是工业化建筑在实际施工中普及的一大障碍。

(2) 消费者对于工业化建筑的认知程度不足。

人们对工业化建筑这种新概念的了解还不够深入,甚至根本不知道工业化建筑,消费群体在潜在意识中盲目迷信传统建筑模式更加坚实可靠。工业化建筑无论是在科研理论方面还是在国外的实际项目中,已经发展为一项十分成熟、可靠的技术,但是在我国由于经济发展阶段的限制,房地产企业不需要采用工业化建筑技术就能取得丰厚的利润,极大程度上限制了工业化建筑思想在我国消费群体中的认知程度。在这种状况下,企业开发工业化建筑项目,需要打破人们的刻板印象,将相应的技术和理念传递给消费者,增加消费者的认知,企业在前期需要投入更多的资金,也要面临工业化建筑项目的销售难以得到消费群体认可的风险,有可能导致企业在目前市场中竞争失败。

(3) 构件流水线技术发育不完善,从国外进口构件可能会导致成本的增加。

虽然目前我国的设计能力和施工技术已经能够满足发展工业化建筑的需要,但是我国并没有成熟的大型预制构件生产商,没有建立起完善的构件流水线。而预制构件是工业化建筑的核心环节,无法形成预制构件的规模化、流水线的大生产,工业化建筑也就无从谈起。如果从国外引进构件生产商或者直接进口构件,预制构件市场会处于一个被垄断的情况,构件的成本也会比较高,不利于实现规模效益。同时,也会形成较大的市场壁垒,市场准入条件也会相应提高,不利于国内小型构件生产商的发展。

3. 机会分析

(1) 国家出台相关政策大力发展工业化建筑。近年来,为了实现我国建筑行业的转型升级,满足城镇化建设的需求,国家十分重视工业化建筑的发展和推广,在各项关于建筑行业未来发展的指导性文件中都多次提及工业化建筑,并明确将工业化建筑作为未来的发展方向。除了指导性文件以外,政府还出台了很多优惠性政策切实地对工业化建筑项目进行扶持,同时也在不断完善工业化建筑的各项标准、法律等。明确的政策导向,会很大程度地推动我国工业化建筑的发展。

(2) 外资企业进入中国建筑市场,将会给工业化建筑带来新的发展机会。在全球经济不断融合发展的情况下,许多外资房地产、建筑企业进入我国市场,参与市场竞争。而国外的工业化建筑已经进入成熟的发展阶段,外资拥有丰富的工业化建筑项目经验,同时也拥有雄厚的资金和先进的技术优势和开发模式。工业化建筑所代表的规范化、集约化生产方式都将对我国企业形成强大冲击,也将会为我国工业化建筑市场带来新的发展契机。

(3)城镇化建设,建筑市场需求庞大。随着我国城镇化建设不断深化,需要进行大量的基础设施建设。同时农村居民向城镇居民转变,可支配收入不断增加,其住房需求也不断变化。由自建房屋转变为商品房,对于住房的功能和外形以及相应的配套设计服务也有了新的需求。城镇化建设过程中产生的庞大的基础设施建设和住房建设需求,都为工业化建筑提供了良好的发展机会。

4. 威胁分析

(1)现有产品市场占有率高,形成壁垒,市场拓展难度大。

我国目前工业化建筑项目较少,市场基本被传统建筑产品占据。同时由于传统现浇结构,在结构布置、户型设计等方面比较灵活,施工技术也很完善,受到广大消费者的认可,这些因素都使得现有产品占据了中高端市场,并且拥有丰富的客户支援和物业服务平台。而工业化建筑产品由于大众认可度不高,同时施工速度快等特点,导致消费者会对于建筑产品质量产生质疑,因此在中高端市场拓展难度更大。传统的钢筋混凝土住宅在我国建筑市场中拥有相当大的市场份额,其体系比较完善,已经形成较强的市场壁垒。工业化住宅产品作为一个新型的住宅概念还未被这个市场完全认可,在产品导入期市场的开拓难度较大。

(2)各类不成熟的内部发展因素,可能会阻碍工业化建筑的发展。

目前,我国的建筑市场、政策、经济等各项外部条件都有利于工业化建筑的发展,但是一些内部因素的不成熟可能会阻碍工业化建筑的发展。虽然近几年,我国的工业化建筑得到很大的发展,但是总体仍处于起步阶段,还处于粗放式发展模式,相应的配套产业还没有发展起来。虽然有部分工业化建筑项目投入实际施工运营中,但是总体而言工业化程度低。很多的建筑施工仍以现场手工作业、湿作业为主,劳动生产率低(只达到发达国家的1/6~1/2),施工周期长,人均年竣工面积在20平方米左右,而工业化建筑程度高的日本、美国则达100~120平方米。其次建筑部品标准化、系列化、配套性差。标准化、系列化的产品不到20%,组装化也只有10%,部品本身性能差、不耐用,这会给工业化建筑的普及带来巨大的障碍。目前我国的工业化建筑项目质量特别是功能质量和环境质量不高。住宅成品质量通病多,满足不了住宅商品化发展要求。

4.2 目标市场选择

消费者是一个庞大而复杂的群体,不同的消费者的购买力和对某一特定产品的需求度是有很大差距的,同时他们对产品的要求也各不相同。对于任何一个企业,都没有能力去满足全体消费者的不同需求。因此,企业应当通过市场调研,将消费者按照需求分为各个群体,结合特定的市场营销环境和自身资源条件选择某些群体作为目标市场,从而确定品牌定位,再制定对应的市场营销战略来满足这一目标市场客户群的各种需求。通常企业有五种可供选择的市场覆盖模式:

(1) 市场集中化:通过密集营销,公司可更加了解该细分市场的需要,可在该细分市场建立巩固的市场地位。该种模式一般风险较大。

(2) 选择专业化:选择若干个细分市场,其中每个细分市场都有吸引力并符合公司要求。它们在各细分市场之间少有联系,然而,每个细分市场都有可能盈利,从而分散了公司的风险。

(3) 产品专业化:集中生产一种产品,公司向各类顾客销售这种产品。可在某个产品方面树立起很高的声誉。

(4) 市场专业化:公司专门为满足某种顾客群体的各种需要而服务。

(5) 市场全面化:一个公司想用各种产品满足各种顾客群体的需求。

我国房地产行业进入白银时代,建筑市场的开放程度不断提高,市场竞争的程度也日益激烈。房地产企业从单纯的拿地开发,逐步转型,开始思考如何在新形势下保住现有的市场份额,并积极运用新的施工技术和管理理念,积极开拓国内和国际市场。但是,很多建筑企业在进行新的市场开发行为之前,对于建筑市场没有进行客观、科学的分析,没有考虑建筑企业自身的能力和发展需求,随意地选择目标市场。盲目服从市场形势,市场有什么业务就做什么业务,跟着市场的发展趋势随波逐流,没有形成明确的市场开发战略。因此,也就会带来了资源难以有效配置、资金使用效率低等问题,并进一步导致建筑企业长期在低利润水平下运营。在工业化建筑市场,如何根据企业自身情况,选择合适的目标市场,对于企业成功打开工业化建筑市场获取目标利润至关重要(袁松,2007)。

工业化建筑市场既可以视为建筑市场的一个细分市场,也可以将其视为一个大的市场再进行细分,如可分为低、中、高端市场,或者装配、构件、施工等市场。不同的划分层次,将会形成不同的目标市场和不同的市场开发战略,企业需要根据自身发展的实际和定位进行市场细分和目标市场选择。企业在选择目标市场的过程中,一般遵循以下步骤:市场划分→市场分析→明确企业自身竞争优势→进行市场组合→完成目标市场选择(其基本流程如图4.1所示)。按照流程,可以帮助企业在工业化建筑市场选择合适的目标市场,明确市场开发战略,降低由于目标市场选择不合理带来的损失和风险。

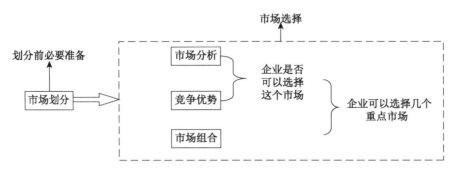

图4.1　工业化市场选择流程图

图片来源:徐鹏富,2006

在企业开发工业化建筑的过程中,目标市场的选择是十分重要的环节,关系到企业战略的成败。无论是房地产企业还是建筑企业,市场是企业发展的源头,目标市场选择关系到企业现时的生存和长远的发展。然而,目前企业过于注重项目本身,以项目作为企业发展的立足点,强调把握项目的机会,忽视了市场环境与项目机会之间的内在紧密联系,忽视了目标市场选择的重要性和战略意义。以至于对市场的把握缺乏足够的高度,对企业市场战略的绩效缺乏明确的判断,更不能发觉目前市场战略的不足所在。不站在市场的角度去思考问题,企业很难形成系统的思维方式和管理模式,很容易导致企业在工业化建筑这项系统工程中失败。当然,一些市场战略上做得比较好的建筑企业可能也缺乏详细的战略思考,一些非常规的、偶然的因素促使这些企业误打误撞做出了相对较正确的决定。企业目标市场选择是一个系统问题,应强调站在长远和全局的角度去认识企业市场选择问题。在工业化建筑市场中,企业所面临的内部环境和外部环境都十分复杂多变,选择合适的目标市场对于企业的发展十分重要。首先,在进入工业化建筑市场之前,选择合适的目标市场,有利于明确市场发展方向和提高企业市场战略管理水平;其次,明确目标市场可以促使企业资源配置更为合理,以达到在合适的时间、合适的地点,企业配置相适应的资源集;最后,能够帮助企业提高市场绩效,充分挖掘企业的资源潜力,提高企业利润率。

市场划分是目标市场选择的前提,在进行市场划分的时候必须考虑以下两个因素:市场需求和企业运营能力。充分考虑这两个因素,能够有效避免市场划分过细或者过粗的情况,帮助企业迅速锁定目标市场。市场需求与企业运营能力对于市场划分的影响,主要有以下几种模式:(1)在市场需求高的区域,市场竞争也会更为激烈,企业的运营能力会限制市场划分的范围,应该对市场进行细致的划分;(2)在市场需求低的区域,低需求伴随着低竞争,企业必须扩大自己的经营范围,不能对市场进行过细的划分,否则企业的预期利润目标不能实现,企业会退出该市场或出现生存危机;(3)不管市场需求和企业运营能力如何,市场划分的范围是不可能无限制扩大的,如果企业在一个细分市场中没有占据竞争优势,这时候去扩展相关的细分市场或者扩大市场划分范围是不合理的行为。

由此可知,企业在进行工业化建筑市场划分的时候,必须遵循以下几个原则:(1)适当地进行市场划分,市场划分过粗不利于企业进行市场战略布局,过细会导致企业能力不能得到充分发挥,造成资源利用率低下,降低企业在整个工业化建筑市场的竞争能力,不利于企业市场战略目标的实现;(2)根据工业化建筑市场的行业组成结构来进行市场划分,工业化建筑市场中可以按照房建、道桥、水利水电等传统行业进行划分,也可以按照业主市场、构件生产市场、构件装配市场等按照工业化施工顺序进行划分,要根据不同的行业结构进行市场划分,对于大规模发包的行业要适当扩大市场的划分范围,对于市场发育比较成熟、竞争激烈的行业要适当缩小市场划分范围,否则不利于取得市场业务;(3)在进行市场划分之前,必须对企业自身实际能力和资源情况进行充分的了解,明确企业的竞争优势所在,根据企业自身的规模和运营能力划分工业化建筑市场。

工业化建筑市场是一个由多层次、多类型的细分市场组合而成的集合,不同细分市场之间的发展不均衡,对于市场进行适宜的划分之后,综合企业自身和市场外部环境两方面的特点,进行目标市场的选择。常用的目标市场选择方法有很多,包括定性和定量方法,主要有以下几种:德菲尔法、因子分析法、GE矩阵分析法、DEA模型等。但是总体而言,企业在进行目标市场选择的时候,必须以竞争优势的实现为基础和前提。也就是说,企业在进行市场划分之后,对于市场和竞争优势进行分析,明确企业的主要竞争对手,分析企业现有的资源集合和企业的资源配置效率,由此找出企业自身的竞争优势,并且以此作为依据选择目标市场。选择合理的目标市场,能够充分发挥企业的竞争优势,使企业资源配置效率得到提高。目标市场集中度低的企业,企业的资源配置效率不高,市场竞争优势不强。同时,企业在进入工业化建筑市场的时候,必须以传统市场的项目作为企业稳定的收入来源,为工业化项目提供资金和技术支持。其次,对于非重点市场仍可以采用以项目为导向,来获取额外利润和为企业市场扩张打下基础。这是由于在非重点市场中,企业的控制能力不强,非共性的、偶然的因素发挥主导作用(徐鹏富,2006)。

4.3 市场运营模式

市场运营模式是企业根据自身产品的特点和企业发展需求,为扩大市场份额,增加企业利润而采取的指导性、统筹性的一系列方法的总和。不同的运营模式取决于企业整体发展模式,运营模式也在一定程度上反映了企业的经营战略。通过确定企业市场运营模式,能够系统地对企业提供的产品和服务进行管理,明确企业的市场定位和业务范围,更有利于企业进行市场细分和确定目标市场。工业化建筑市场更加着重于建筑产品和服务本身,因此本书参考各类研究文献,总结出针对工业化建筑市场的运营模式——服务型战略联盟模式。该市场运营模式主要是参考借鉴了制造产业的运营模式,结合建筑市场的特点而提出的。采用服务型战略联盟的模式,能够满足工业化建筑市场对于专业性和协同性的要求,同时能够清晰地把握产品、服务给企业带来的价值,也有利于新产品的开发和定位。因此本书从业务范围的维度对市场运营模式进行划分:单一化运营模式和多元化运营模式。采用这样的划分维度,在各行各业都实现产业化转型。我国的建筑行业仍处于产业化的初级阶段——劳动密集型阶段。产业化程度远远低于电子、机械等制造行业,许多先进的产业化理念和方法都需要向制造业学习,工业化建筑的基本思想也是从制造业转变而来。目前,我国大多数建筑企业仍只从事传统的建筑施工业务,专业化程度发展很高,而产业化发展不足。在产业链上没有进行工程服务的延伸,没有提供相关领域的工程服务,不能有效地整合自身在咨询、技术、项目管理甚至运营管理等方面的优势资源以便提供更好的服务。因此,在发展工业化建筑市场的道路上,从各方面向制造业学习,借鉴制造业的市场运营模式,是构建企业核心竞争力的有效途径。

我国建筑企业长期以来实施以施工承包为主的、劳动密集型的、粗放型的市场运营模式,随着建筑市场竞争的日益加剧、消费者市场的逐步完善和服务经济时代的到来,建筑企业单一的低价竞标和低端服务已经不能满足市场需求和企业自身的发展。所以整合建筑企业的优势资源,转变其固有的经营模式才能适应工业化建筑市场的发展需求,也是实现建筑企业构建核心竞争力的有效途径。因此,要建立工业化建筑市场的运营模式,首先需要从制造业和建筑业相似性入手,将工业企业服务型制造运营模式引入建筑行业,形成服务型建造运营模式。将原本的以产品和技术为中心,转变为以客户为中心和客户满意为宗旨,形成全方位的服务体系,即向业主提供"建造+服务"的一站式服务,不仅为业主提供建造服务,同时提供项目增值服务,以此提升建筑企业竞争力和盈利水平。在工业化建筑市场中,引入服务型建造运营模式,有利于加强建筑企业与开发商之间的协同工作、创新合作模式和扩展合作业务,有利于建筑企业更好地发挥资金、智力和专业知识,满足开发商个性化需求,避免工业化建筑产品带来的单调性和重复性。"建造+服务"的运营模式可以让企业从项目的全寿命周期的角度进行资源的整合,减少管理界面、减少成本、减少项目信息不对称。由于工业化建筑项目是一项系统工程,十分强调项目各个参与方共同进行全程管理和统一运营。采用服务型建造运营模式,项目参与方以服务意识为前提进行合作,能够更好地融合工业化建造项目的开发、设计、构件生产、施工装配等各个环节,为企业开发工业化建筑市场提供保障。

  工业企业服务型制造理论引入工业化建筑市场,开展企业的服务型建造,以此提升建筑企业的竞争力和转变经营模式,促进工业化建筑市场发展。服务型制造是以客户为中心,以关联企业综合发展为目标,制造与服务融合的创新形态,是制造业经营过程中的一种创新制造模式。服务型制造认为,从供应链角度出发,决定企业的竞争优势不在生产制造环节,而在供应链两端,前期设计研发和后期销售、售后等,所以应当集中资源将企业的服务范围进行扩张,提高服务水平;从价值链角度出发,服务型制造是实现价值过程的增值,重视管理创新、产品创新、技术创新,使服务型制造价值链实现全寿命周期、全方位参与、全需求的模式创新;服务型制造通过以制造企业为核心,将分散的资源进行整合,实现供应链企业资源和竞争力的高度协同,达到生产性服务和服务性生产,体现"产品+服务"的全新竞争经营理念。服务型制造是有利于企业摆脱同质化竞争,有利于帮助企业保持良好的顾客关系,是企业创新的源泉。在工业化建筑市场中,企业应该摆脱传统企业的经营观念向服务型企业转变。采用服务型建造运营模式,将为客户的建造服务向产业链两端延伸,整合企业各种资源,促进建造生产和生产建造服务融合。在工业化建筑项目中,转变以项目施工为核心的传统经营模式,向以提供规划、设计、建造、运营等全方位的全生命周期为核心的全新的建筑服务转型,提升核心竞争力,为客户提供"建造+服务"全面解决方案,达到价值链各个利益相关者价值增值和共赢。

建筑企业服务型建造运营模式与传统运营模式相对优势体现在：第一，服务型建造不再以单纯提供建造为主要业务，而是在项目产业链上展开全面服务，以满足业主需求；第二，建筑企业从业主的短期的一次性的合作，变成长期的稳定的合作；第三，建筑企业从单一的低价竞标的恶性竞争中走出来，转换成以增值服务为核心的竞争战略上来；第四，不仅提升企业竞争力和开拓利润空间，也实现了合作企业的互利共赢。

工业化建筑项目相对于传统项目而言，企业的利润增值点在于规模效益。因此工业化建筑项目一般具有规模大、合同金额高、工程量多等特点，单独某个企业完成项目的难度大、风险高，企业间进行联合完成项目能够有效分担项目风险，实现共同盈利。由此，本书在服务型运营模式的基础上总结出战略联盟的运营模式。建筑企业战略联盟是指两个或两个以上有对等经营实力的企业，为了达到共同拥有市场、共享资源的战略目标，为了适应日益激烈的行业竞争及控制企业经营风险、增强企业竞争力，在保持自身独立性的同时，通过契约建立与产业上、下游相关组织或单位建立长期的一种合作关系，达到资源互补、风险共担、互利共赢等目的。开发商、设计院、构件生产商、施工方之间建立战略联盟，能够有效地建立各方在工业化建筑项目中的沟通渠道，实现平等沟通，提高沟通的有效性，减少项目进行过程中由于沟通不畅带来的风险和损失。同时，项目各个参与方之间建立战略合作伙伴关系，能够加强互相协作，达到长期或短期目标。战略联盟结构如图4.2所示。

图4.2　建筑企业战略联盟图

图片来源：张蒙蒙，2014

在工业化建筑市场中，企业采用战略联盟的运营模式有以下几大优势：(1)整合各方的优势资源，开拓工业化建筑市场，联盟使企业在市场上取得更多项目；(2)提升企业竞争力，联盟使企业资源互补，产生1＋1＞2的竞争效力，并能为业主提供更全面的服务,增强市场影响力;(3)联盟使企业降低企业扩张和运行成本,拓宽业务范围;(4)联盟能够促进企业间的学习,利于技术创新。其次,项目参与方之间形成战略联盟,对于工业化建筑市场的发展也是一件好事。首先,可以提高行业的生产力和企业的竞争力,联盟的形式被认为是提高行业生产力最高效、最快的选择。其次,能够加快技术的转移,联盟往往能够形成一个基于项目的团队,合作企业通过共同管理项目团队,加快了企业间技术的交流和转移。无论是发达国家还是发展中国家的建筑行业中,联盟被认为是一种良好的技术转移的机制。

采用战略联盟的市场运营模式,可以实现项目参与方之间最大范围的合作,拓宽服务合作领域,使其达到共赢的效果。房地产企业、设计院、构件生产商、施工方之间构建产业战略合作关系是实现跨企业、整合产业链上下游资源的企业发展新战略。战略联盟的形成,使得各联盟成员都可以充分利用其他企业的特长,将不擅长的业务外包,充分发挥企业自身的优势,并且形成优势共享的机制。其次可以充分实现信息的共享,使得各企业之间充分理解对方的意图和核心信息,避免构件预制中设施、工厂生产和施工不匹配的现象,并能保证信息不泄露。战略联盟成员能够充分参与工业化项目全寿命周期中的各个阶段,从而实现协同管理,提高项目管理的效率,减少管理界面之间的成本。战略联盟的形成也可以有效降低项目融资的难度,保证工业化项目的资金流,使其有利于项目的建设和增值。除此之外,目前我国的构件生产商的规模小,设计方在项目中的话语权较低,通过战略联盟可以有效解决这些问题。构件生产商可以依靠战略联盟,由此降低项目进行中的资金压力,并且获取大项目,从而实现企业自身的发展。而设计方可以依靠战略联盟,摆脱低价的恶性竞标,以合理的价格获得项目并保证项目的质量水平,同时可以利用自身的优势,提供除了工程设计以外的服务,如项目咨询、项目管理、运营等,拓宽服务范围,提高企业利益,实现"设计+服务"的运营方式。建立战略联盟关系降低了合作过程中道德风险和逆向选择风险,使企业集中资源进行项目建设,使企业健康发展。

综上所述,企业在工业化建筑市场中树立起合作意识,向产业链上下游进行服务扩展,并且积极与项目参与方建立战略联盟合作伙伴关系,互相提供机遇,充分发挥各自专长,共同进行工业化建筑项目的开发。将服务型和战略联盟相结合,总结出企业在工业化建筑市场的运营模式——服务型战略联盟模式。服务型战略联盟模式综合了服务型和战略联盟的优点,不仅可以提高项目整体效益,拓宽企业市场空间,而且可以满足客户多元化的需求和服务,并且可以提高各自品牌价值。这种市场运营模式不仅可以促进工业化建筑市场的发展及良性竞争,而且企业利用自身在资金、专业等方面的优势提供产业链上下一体化服务,提高项目开发的效益,从而带动相关产业及国家整体产业经济的发展。因此,服务型战略联盟模式是适用于工业化建筑市场的运营模式(张蒙蒙,2014)。

第5章 策略管理

帕拉荷拉德认为,企业只有具备新的策略方法和管理理念才能应对21世纪的竞争格局。不断变化的竞争格局决定企业要想获得超额利润与竞争优势,必须创新思维,进行策略管理。从动态的观点来看,策略管理过程是公司进行的一个投入、决策和行动的完整过程,其目的是为获取策略竞争力和超额利润。企业必须进行有效的策略设计与实施,并在整个策略管理过程中不断地调整资源、能力和竞争力来适应千变万化的市场。基于精心设计和实施的策略上的有效策略行动,最终将带来期望的策略成果。一家公司常常有两个层次的策略,即业务层(竞争性)策略和公司层(公司运营方面)策略。因此,本章将从这两个方面,阐述在工业化建筑的背景下,企业如何制定运营策略和竞争策略。

5.1 运营策略

根据美国著名营销学家菲利浦·科特勒的4Ps的市场营销理论,四个重要的核心基本因素即4P决定了企业的市场效应,即产品、渠道、价格、促销;s则是指策略。而随着市场竞争越来越激烈,媒介的传播更加快速,4Ps理论受到了挑战,1990年,美国学者罗伯特·劳特朋教授则提出了与传统营销的4Ps相对应的4Cs营销理论,即关联策略、反应策略、关系策略、回报策略。此后,美国整合营销传播理论的鼻祖唐·舒尔茨在4Cs营销理论的基础上提出了新营销理论——4Rs营销理论,即关联策略、反应策略、关系策略和回报策略。根据工业化建筑市场的特点,本节将具体从产品策略、价格策略、营销渠道策略、促销策略、顾客策略、沟通策略、关系策略、回报策略这八大方面来进行阐述。

5.1.1 产品策略

产品在4P组合中为首要可控因素。产品就是指企业所推广及定位市场、场所、分销中,产生效益、具有独特功能的物品或服务。对于建筑业来讲,产品自然就是建筑本身。产品必须迎合客户的需求,功能性和实用性为第一位,并且具有不可复制,不可逾越的独特市场卖点。所以产品也是整个市场营销的核心和基石,没有产品的市场营销策略只是空谈,在工业化建筑市场中亦是如此。

1. 产品策略的选择

(1) 产品差异化策略

产品差异化策略是指企业应该对市场上多个不同细分市场进行差异化分析,提炼出它们的特性,从而找到适合自己发展的特定细分市场,并以此为目标,从而实现差异化市场营销策略组合,并增加市场份额。因此可以通过产品自身的差异化,定位不同层次客户的需求,以争取更多的销售和市场份额。当消费者面临众多选择的情况下,只选择其中某一件满足自己偏好的商品,购买一个或者有限数量,这就是差异化的产品产生的市场背景。市场的竞争程度与产品的同质性密切关联,当产品为完全同质的情况下,市场则处于完全竞争状态,当同行业的产品有轻微的差异时,企业将处于垄断竞争状态,当产品有明显差异或者是无相近替代品时,企业就会处于完全垄断状态,完全掌握市场。因此,产品差异化策略在市场运营中发挥着重要作用。

从产品的性能方面来讲,现代的市场竞争激烈,各行各业的产品也都具有其各自的核心价值,对于处于同一个行业的竞争对手来说,产品都有着基本相同的核心价值。为了能够使消费者在众多同行业产品中发现差异化的产品,定位选择自己偏好的产品,同时让消费者对自己的选择感到满意放心,那么企业所需要做的就是在相同的产品核心价值中寻找或者创造出不同的性能和质量。企业在满足消费者基本需求的前提条件下,贴近消费者,通过分析细分市场消费者的需求,了解消费者的喜好,并结合现代科学技术手段,开发出性能差异化的新产品,或是增加产品的附加性能,从而推出具有更高使用价值和创新概念的产品,通过产品独特的性能特点占据有利的竞争优势。

(2) 产品品牌策略

在产品策略中非常重要的一部分是品牌策略。开发商有了自己的品牌,就可以与市场直接沟通,形成自己的市场形象,获得有效的市场控制权。因此,每个产品都应该相应地有一个市场定位和一个特定的品牌,产品品牌允许完全不同的市场定位,使用产品品牌,企业可以出现在一个整体市场的所有细分市场上,当产品是以产品品牌推出时,危机局面对直接相关产品的影响是很有限的。

(3) 整体产品策略

产品策略的另一重点就是建立整体产品的概念。从市场营销学的角度来看,产品的整体概念可以分为三个层次:核心产品、形式产品和附加产品。以房地产产品为例,消费者购买房地产的目的是为了居住,所以关键就是保证房地产商品的质量,也就是房地产的核心产品,包括:内部的格局、室内采光和通风情况等等。房地产形式产品主要包括产品外形、社区环境、产品设计风格及产品品牌,只有有特点、有卖点的房地产产品才能更好地吸引消费者。房地产附加产品则是指消费者购买房子后所获得的一些附加利益和服务,比如物业管理服务、小区的安保和保修服务等等。因此,房地产的整体概念强调了一种整体意识,随着经济的日益发展,房地产企业必须向人们提供整体产品,要能够全方位地满足消费者的需求,才能够更好地实现产品的价值和企业的目标。

2. 我国工业化建筑市场产品策略选择

工业化建筑企业应充分认识到发展工业化建筑是促进企业转型升级、实现可持续发展的现实途径。积极主动、自发地参与到开展对相关技术的研发和应用中,不仅能增强企业核心竞争力、推广企业品牌形象,同样可以与住宅产业和市场经济的发展趋势相一致。

因此,工业化建筑市场的产品策略应该从产品本身入手,研发和应用工业化技术,打造满足大众需求的工业化建筑产品,以优质的产品逐步建立企业的产品品牌。工业化建筑技术主要包括材料技术、设备技术和设计技术。涉及企业应针对性地投入研发。首先,根据中国建筑特点,模仿国外先进的成套技术、设备或项目进一步地改造和创新,将工业化建筑技术进行中国化,符合我国实际情况;其次,针对影响建筑产业发展的重要环节加快开展科技攻关,通过研究改进新材料、新工艺和新技术,消除技术上的核心问题,积累更加丰富的技术经验资料,加快完善开发体系结构,并积极地推广,促使工业化建筑科技水平到达世界先进水平行列;最后是广泛采用新技术、新材料、新工艺,从而不断地提高建筑产品的质量、建筑产品的品牌影响力和口碑(申文,2014)。

5.1.2 价格策略

竞争策略是指企业正确地分析和界定本企业在竞争中的地位后所形成的策略，属于企业业务经营单位策略的范畴。在进行竞争策略选择之前，必须了解常用的基本竞争策略理论和使用环境、条件、弱点。美国哈佛商学院著名的策略管理学家迈克尔·波特在其1980年出版的《竞争策略》一书中，提出三种基本策略，即成本领先策略、差别化策略和重点集中策略。他认为，企业要想获得竞争优势，一般只有两条途径，一是在行业中成为成本最低的生产者，二是在企业的产品和服务上形成与众不同的特色。价格策略也是4Ps策略的重要组成部分，成本领先策略是价格策略的一部分，由此可见成本领先策略的重要性和有效性。

成本领先策略是指企业通过在研究开发、生产、销售、服务和广告等领域里把成本降到最低限度，成为行业中的成本领先者的策略。企业凭借其低成本的优势，可以吸引广大的顾客，可以在竞争激烈的市场中获取有利的竞争优势。

差别化策略是指企业提供与众不同的产品和服务，满足顾客特殊的需求，形成竞争优势的策略。企业运用这种策略主要是依靠产品和服务的特色来吸引顾客，而不是关注产品和服务的成本。但应该注意的是，差别化策略不是讲企业可以忽略成本，只是这时的策略重点不是成本问题。

重点集中策略是指企业把经营策略的重点放在一个特定目标市场上，为特定的地区或特定的购买者群体提供特殊的产品和服务，目的是比竞争者更好地服务目标细分市场的购买者。

根据产品、市场以及特殊竞争力的不同组合而形成了基本竞争策略组合，如表5.1所示。

表5.1 基本竞争策略组合表

	成本领先策略	差别化策略	重点集中策略
产品差别化	低 （主要来自价格）	高 （主要来自特殊性）	由低到高 （价格或特殊性）
市场细分化	低 （大市场）	高 （众多的细分市场）	低 （一个或一些细分市场）
特殊竞争力	制造及物业管理	研究开发，销售等	任何的特殊竞争力

结合表5.1，具体深入研究这三种基本策略，根据公司的市场目标，公司所追

求的竞争优势是与低成本有关还是与产品差别化相关,又可以将三种基本竞争策略组合分为五种竞争策略组合:

(1)成本领先策略——即以很低的总成本提供产品或服务,从而吸引广大顾客。

(2)差别化策略——寻求针对竞争对手的产品差别化,进而吸引广泛的顾客。

(3)最优成本供应商策略——通过综合低成本和差别化为顾客所支付的价格提供更多的价值,其目的在于使产品相对竞争对手的产品拥有最优(最低)的成本和价格。

(4)基于低成本的重点集中策略——通过为某个狭窄的购买者群体提供比竞争对手成本更低的产品或服务来战胜对手。

(5)基于差别化的重点集中策略——通过某个狭窄的购买者群体提供比竞争对手更能满足购买者的需求的定制产品或服务来战胜对手。

工业化建筑产品相对于传统建筑产品,其突出优势就是能够大幅降低工程成本,因此本节将重点介绍成本领先策略理论以及我国工业化建筑市场策略选择。

1. 成本领先策略理论

如前所述,成本领先策略即是以很低的总成本提供产品或服务,从而吸引广大顾客,因此采取成本领先策略的优势有以下几点:

(1)形成进入障碍。企业的生产经营成本低,行业潜在的进入者便有着较高的进入障碍。那些生产技术不熟练、经营缺乏经验的企业都很难进入相应的行业。

(2)增强讨价还价的能力。企业成本低,可以提高企业与供应者的讨价还价能力,降低投入因素变化所带来的影响。也可以提高自己对购买者的讨价还价能力,对抗强有力的购买者。

(3)降低替代品的威胁。企业的成本低,在与替代品竞争时,可以凭借其低成本的产品和服务吸引大量的顾客,降低或缓解替代品的威胁,使自己处于有利的竞争地位。

(4)保持领先的竞争地位。当企业与行业内的竞争对手进行价格战时,由于企业的成本低,可以在其对手毫无利润的低价格的水平上保持盈利,并能够通过竞争扩大市场份额,保持绝对的优势。

总之,通过采用成本领先策略,企业可以有效地面对行业中的五种竞争力量,利用其低成本的优势,获得高于其行业平均水平的利润。

企业在考虑策略的实施条件时,需要从实施策略所需要的资源与技能和组织落实的必要条件两个方面进行考虑。在成本领先策略方面,主要包括持续投资和增加资本、科研开发与制造的能力、市场营销的手段以及内部管理的水平。在组织落实方面,企业需要考虑严格的成本控制、详尽的控制报告、合理的组织结构和责任制以及完善的激励管理机制。在实践中,成本领先策略要取得显著的效果,还要将企业所在的市场是否是完全竞争的市场、该行业所有企业的产品是否是标准化的产品、大多数购买者是否以同样的方式使用产品、产品是否具有较高的价格弹性、价格竞争是否是市场竞争的主要因素等考虑在内。如果企业所处的环境和内部条件不具备这些因素,企业便难以实施成本领先策略。

成本领先策略也有其劣势,如果竞争对手的竞争能力过强,采用成本领先策略的企业就有可能处于不利的地位。具体包括:

(1) 竞争对手开发出更低成本的生产方法。例如,竞争对手运用新技术,或更低的人工成本,形成新的低成本优势,使得企业原有的优势成为劣势。

(2) 竞争对手采取模仿的方法。当企业的产品或服务具有竞争优势时,竞争对手往往会采取模仿的方法,形成与企业相似的产品和成本,给企业造成困境。

(3) 顾客需求的改变。企业如果过分地追求低成本,降低了产品和服务的质量,就会影响顾客的需求,结果会适得其反,企业非但没有获得竞争优势,反而会处于劣势。

所以,企业必须经过慎重考虑再选择采用成本领先策略,时刻注意这些问题,并及早采取防范措施。

2. 我国工业化建筑市场策略选择

当前工业化建筑发展的核心竞争力是:低成本、高性价比、节能环保和拥有绿色生态环境。但是工业化建筑作为我国建筑业市场的新进入者,一方面,要开拓新的市场,培养用户;另一方面,是要从处于市场主导地位的传统住宅产品手中争夺市场份额。可以利用低成本的优势,采用基于成本的重点集中策略,以低价格推出工业化建筑产品,重点争夺中低端市场的用户,在若干特定的细分市场中发展用户,建立成本竞争优势,避开对手实力强大的阵地。采用此策略可以很好地防御行业中的竞争力量,获得超过平均水平的利润。

(1) 可以建立进入障碍。由于工业化建筑产品利用了现有的资源,而且只需保证重点市场区域质量,保持现有建设成本,建设周期短,为行业的潜在进入者设置了较高的进入障碍。对于缺乏本地核心资源的国外工业化建筑的建设企业来说,重建产业网络的成本高,而且时间长,很难有机会进入领域。

(2) 增强讨价还价能力。先期企业的成本和利润低,可以应付投入费用的增长,也可以增加设备采购选择的余地,提高与供应商的讨价还价能力,进而降低生产和建设整体成本。同时,可以提高产品的性价比,加大市场拓展方面的投入,使用户对产品产生认同感。

(3) 保持领先的竞争地位。在工业化建筑的市场,当工业化建筑生产和建设企业与其他开发建设商进行价格竞争时,可以在对手毫无利润的低价格水平上保持盈利,抢夺对手的市场份额并且削弱对方的实力,从而借此机会在重点市场基础上扩大市场范围。

基于低成本的重点集中策略的注意力集中于整体市场的一个狭窄部分,它的策略目的是比竞争对手更好地服务目标细分市场的购买者。实施这个策略的基础是:

(1) 服务市场的成本低于或基本持平于竞争对手。

(2) 能够给购买者提供他们认为更好的东西,突出工业化建筑的性价比。

基于低成本的重点集中竞争策略在于寻找购买者细分市场,满足这些市场细分所付出的代价要比满足整体市场其他部分的要求所付出的代价小,目前工业化建筑产品在我国建筑业市场上具有以下条件:

(1) 成本优势。我国建筑产业现代化的发展还处在一个初期阶段,工业化建筑作为我国建筑产业化发展中的核心产品发展方向,政府给予了大量的政策扶持。随着我国建筑市场有效的宏观调控,一系列的举措都有利于工业化建筑在发展初期产品的市场发展。特别是在降低工业化建筑产品的前期研究开发和建设的成本方面,政策扶持力度尤为明显。对起用工业化建筑的工程,国家在建筑的性能研究开发和建设方面给予政策费用上的减免,并且在一些有利于发展我国新型建筑的相关技术和研究方面还给予一定程度上的经济补偿。在综合成本上说,工业化建筑的成本将低于现有的建筑的开发和建设成本,使其在建筑成本这方面处于一个有利的地位。

(2) 存在有成长潜力的细分市场。我国的建筑市场拥有庞大的客户群,分布在不同领域、不同阶层,因其不同年龄、不同性别、不同性格及其不同偏好或习惯,特别是处在不同的场合、时间、地点,以及不同的消费能力等诸多差异,导致其存在需求差异,这是客观的,也是必然的。企业需要遵循这一市场规律,把握好市场结构,在细分市场的基础上,找到适合工业化建筑产品的市场目标顾客群,准确定位,把握重点市场机会。高端用户更多考虑到建筑体系的成熟性,中端用户的选择比较多,低端用户处于消费群体的金字塔底层,用户数量最多,市场容量大,虽然对住宅费用的敏感性很大，但是也是未来市场成长的主体用户。企业应该先重点集中在某些的细分市场，推出满足消费者特定需要的产品，迅速占领市场（刘思，2006）。

同时，也要注意到：合理的价格策略和买点宣传是策略实施的要素。作为一项面向广大消费群体的产品，建筑产品的价格策略是影响市场需求的重要因素，因此必须综合考虑各方面因素，在工业化建筑的成本要素、投资回收要求和市场的承受中找到一个平衡点。

5.1.3　营销渠道策略

被誉为"现代营销学之父"的菲利普·科特勒对营销渠道的定义为：营销渠道是指将特定的产品或服务从生产者转移至消费者的过程中，所有取得产品或协助转移的个人或机构。可见，营销渠道的本质是使消费者能够方便地在任何时间、任何地点以任何方式购买他们想要的商品或者服务。

由于建筑产品具有建设周期长、投资周转慢、保值增值性好、产品位置的固定性、开发成本高等特点，因此决定了建筑产品营销渠道除了具有普通消费品的一般特征之外，还具有自身的特殊属性：渠道结构短而窄、销售接触功能要求高、渠道关系要持久稳定、要重视渠道的全面综合发展、重视渠道成员等等。

1. 营销渠道策略

策略规划是对企业目标的细化，营销渠道策略是职能策略，属于企业策略的一部分，因此营销渠道策略要依照企业的总体发展策略而展开。要确定企业的营销渠道策略，首先要确定企业的营销任务，其次要确定渠道策略目标，然后再对企业的外部环境和内部环境进行分析，最终在此基础上制订出实施计划。在实施渠道策略时要着重注意：营销渠道的结构设计、渠道成员的选择、渠道资源的配置。同时应注意，渠道策略的成功，很大程度受到管理者确保渠道成员在实施时的合作程度，合作程度越高，那么渠道策略成功的概率就越大。

基本的渠道策略主要有两种：主动策略与被动策略。

（1）主动策略是指开发企业针对其目标市场，通过大量的广告促销使客户通过渠道接触到产品。这种策略的重点是渠道终端的客户是其关注的对象，通过主动策略创造客户对产品的需求，从这种需求出发，以主动的利己主义来主动促销产品，从而间接地保证了渠道成员的合作。

（2）被动策略是指开发商与渠道成员在制定和实施策略的同时，共同努力和合作，开发企业的重点并非是强迫渠道成员促销自己的产品，而是寻求参与合作的机会。这种策略需要开发企业与渠道成员更加直接地参与,从而间接地促销了产品。

因此可见,选择何种策略取决于建筑企业整合渠道成员的方式,要看渠道管理者能否确保渠道成员在实施时能够充分合作,实现共赢。但是这两种策略并没有矛盾,也可以同时运用得很成功。

2. 营销渠道的选择

营销渠道作为 4Ps 营销组合中的唯一外部性变量,其独特的性质促使以其为中心的营销渠道策略在企业总体策略中占有举足轻重的地位。与其他营销组合变量相比,渠道对于企业的发展具有举足轻重的地位。一个好的渠道策略将会为建筑企业把产品分销至目标客户的基本策略提供指导,为这些管理决策的解决提供策略框架。

1978 年之前,我国的住房基本由国家统筹建设,房地产不能当作商品来进行买卖,因此不存在真正意义上的建筑市场;改革开放后,建筑业成为国家资本与民营资本共同介入的新兴产业,逐渐发展成熟起来,随着工业化建筑的兴起,建筑产品营销渠道也由单一逐渐向多元化发展。

具体来讲,1978 年至 1992 年,处于计划经济向市场经济转型的时期,此时还以单一分销渠道为主,产品主要通过自行组建的销售部门传递到客户,代理市场尚未成型,渠道结构单一,属于低级营销阶段。从 1993 年至 2003 年,建筑业慢慢转向成熟与完善,营销渠道主要实现了从零级向多级的跨越,中间商组织(代理商、经纪人、经销商等)成为重要因素参与到营销活动中来,房地产开发与营销的专业分工使房地产经营管理进入良性循环,但此时的开发企业还未意识到建设营销渠道的重要性,而仅注重短期的盈利。从 2003 年至今,建筑业逐渐走向成熟,国家宏观调控政策也在不断完善,买方市场显现,市场竞争日趋激烈,随着互联网等电子商务技术的出现,形成了多元化的渠道结构,渠道管理在不断变革,企业策略的重心从产品逐渐转向渠道以及终端的建设,新的营销模式不断被探索实践。

随着电子商务与网络技术的发展,房地产销售渠道模式向着多元化方向发展,网络营销渠道、购房超市、联合代理营销、客户型营销渠道、分销代理等新型渠道模式不断得到业界实践,营销观念和方式不断得到更新,房地产营销逐渐完善。对目标市场的划分更加精细化,渠道结构更趋于扁平化,形式更加多元化成了建筑企业的营销渠道的新特点。

通常来讲,从生产厂商到消费者,企业的营销渠道需要根据产品差异、客户差异以及企业自身需求等因素制定,主要为直接和间接渠道两类。

(1) 直接渠道

即直销。在这种渠道中,生产商与消费者直接建立交易,同时直接销售向最终客户。直接渠道短,而覆盖面较广,有较强可控性。在将消费者的反馈和信息进行数据化分析后对自己的产品及服务的调整可以确保及时并且有针对性。

(2) 间接渠道

与直接渠道不同的是,在这种渠道下生产厂商不直接与消费者建立联系,而是需要通过批发商或中间经销商、零售商销售给最终客户。同时,根据中间环节的中间商级别,可将间接渠道分为一级渠道、二级渠道和三级渠道。间接渠道利用中间经销商现成的销售网络,进行市场推广。因此,其不需要去搭建或者寻找终端客户,减少了自身成本。通过利用中间经销商的物流网络销售代表,也减少了生产厂商的资金占用及销售过程中的人力、物力以及财力的投入。不过,间接渠道环节多,其效率被随之增加的操作影响,所以对市场的反应相对比较缓慢。

此外,随着建筑市场运行制度不断规范健全,中间商市场的崛起,以及电子商务的发展,新兴的营销渠道也在不断得以实践,如网络营销渠道、房地产交易会等。

(1) 网络营销渠道

网络营销渠道就是利用现代电子商务的手段通过互联网实现工业化建筑产产的租售,其具有较低的营销成本、可以全天候的服务、可以消除建筑产品销售的地域性限制等优势。网上销售可以通过互联网以及软件技术,将立体式的建筑产品全景信息展示给客户,让消费者身临其境地体验自己所选房屋的面积、户型等等。

(2) 工业化建筑产品交易会

我国许多大中型城市都会定期或者不定期地举办房地产交易会,一般是由政府相关部门或其他机构牵头组织房地产开发企业举办的房地产产品销售会,以此来传递产品信息,加强企业与消费者之间的双向沟通。这种销售形式不仅可以促进建筑产品的销售,还可以树立企业形象、提高产品知名度(张玉,2010)。

5.1.4　促销策略

促销策略是营销的重要手段,是经典的 4Ps 营销理论的一大理论基础。促销不是一个单独存在的个体,它是将广告、销售促进、公共关系、人员销售等一系列活动组合的整体,是刺激消费者或中间商迅速或大量购买某一特定产品的一种手段。常用的促销策略一般有:人员推销、销售促进、广告策略和公共关系,企业在制定促销策略的时候,一般会把上述四种策略进行组合,各种促销手段相互协调配合。在工业化建筑市场中,建筑物的产品属性会不断凸显,有效的促销策略可以帮助企业获取更高的市场利润。接下来将会从市场促销阶段和市场促销策略选择两个角度进行阐述。

1. 市场促销阶段

项目促销活动在市场进入调整期后,往往需要经历折扣试水、实质让利和直接降价三个阶段。

第一阶段:折扣试水

市场背景:市场已经处在调整期,商品住宅成交量持续下滑,月均成交量占平稳期成交量的70%~80%之间,新上市项目销售速度明显放缓。

让利程度:9.8~9.9折。

促销内容:开发商推出小幅折扣的优惠措施,如9.8折、9.9折的总价优惠,买房送一年物业管理费优惠,风险保障等系列促销方式。

市场效果:短期内会出现整体市场成交量的上升,却无法长时间持续。同时出现销售价格水平与周边持平、性价比较高的折扣项目市场受欢迎度上升的热销局面;而市场接受度不会出现改善的项目集中表现为那些明降暗升、价格并无实质让利的项目。

第二阶段:实质让利

市场背景:市场完全进入调整阶段,消费者进入观望期,项目的销售速度明显放缓,某些热点板块和优势产品偶有热销现象。

让利程度:8.5~9.0折之间

促销内容:买房送汽车、买房送车位、买房送装修、买房送面积、买房后现金让利、特价房源、团购、项目低价入市等促销方式。

市场效果:虽然市场持续时间仍然不长,不过实质性的价格让利效果明显,促销项目均销售业绩良好。可是,如果周边项目纷纷效仿,观望期市场的出现实质上会使让利的效果消失殆尽。

第三阶段:直接降价

市场背景:市场进入浓厚的观望期,一定幅度的价格让利对市场的刺激作用较小,市场成交量明显萎缩,商品住宅月度成交量仅占平稳期市场的50%左右,大量项目出现滞销状况。

让利程度：初期个别板块让利 20%～30%，后期市场上大多数项目让利将达到 30% 以上。

促销内容：在售项目直接降价、新开盘项目低价入市。

市场效果：由于客户处于观望期，大量的楼盘需要争夺极少量的客户。

2. 市场促销策略的选择

企业的促销手段多种多样，但总结起来大致可分为四种：广告宣传、销售促进、人员推广和公关宣传。不同的促销模式所起到的作用各有侧重，结合不同的市场条件以及一定的营销目标，企业在不同的机会条件下会使用所对应的促销策略。

(1) 广告宣传

广告宣传是指企业支付一定的费用，通过媒体把产品信息传送给其目标客户的一种方式。在信息传达迅速的今天，广告宣传是多数企业最常用的手段之一。它可以迅速而广泛地向渠道成员和消费者提供他们所希望了解的产品信息。广告宣传的载体是各色各样的媒体，除了电视、报纸、广播、杂志、海报等传统媒体，现如今自媒体也成为一种逐渐强大的新兴媒体形式，它们都可以承载不同的信息，帮助信息的有效传达。因此广告宣传具有普遍性的特征。广告宣传可以通过艺术的加工，从而为增强产品的宣传效果起到了极大的促进作用。但是，广告宣传也有缺点，其不像人员推销那么具有强迫力，而仅仅只是向人们传达一定的信息。

(2) 销售促进

销售促进是指企业运用各种短期性的利益诱导，刺激、鼓励消费者购买产品的一种方式。通常可以使用以消费者为对象的推广方式，或是以渠道成员即中间商为对象的推广方式，或是以销售人员为对象的推广方式。销售促进的特点之一就是短期效果明显，经常会用在企业推销新产品时或是为了与竞争对手进行直接竞争时。

(3) 人员推广

人员推广是指企业利用销售人员亲自向目标客户进行产品的介绍、推广、宣传或是销售，与目标顾客进行面对面的交流的一种方式。人员推广要配合企业的整体营销活动来满足顾客需要，销售人员在与顾客进行交谈的过程中，可以具体全面地了解顾客的需要，从而收集到更准确的信息。所以，人员推广的一个优点就是销售人员可以与顾客建立一种亲密的长期合作关系，通过双方的交流，每一方都可以方便地观察对方的需要和特点，及时做出调整。

（4）公关宣传

公关宣传是一种软性广告或者可称为隐性广告，它主要是通过与政府机构、中间商、供应商和社会有影响力的专家、学者以及有关的社会团体建立联系，制造各种新闻素材，提供各种咨询服务，并通过传播媒体的宣传报道，说明企业对国家、社会及消费者所做的贡献，从而使人们对企业产生良好的印象与口碑，提高企业的声誉。

5.1.5 顾客策略

顾客满意策略简称 CS 策略，这是在 20 世纪 90 年代出现的一种企业经营观念。顾客满意是指企业为了使顾客能完全满意自己的产品或者服务，从而客观综合地测定顾客的需求及满意程度，并据此来改善产品、服务及企业文化的一种经营理念。企业的整个经营活动以顾客满意度为指针，从顾客的角度、用顾客的观点而不是企业自身的利益和观点来分析考虑顾客的需求，尽可能全面地尊重和维护顾客的利益。

1. 顾客满意营销策略的内涵

我国的顾客满意策略研究还处于起步阶段，与项目开发有着密切联系的市场环境、消费形态和观念、质量意识和所求服务方式都发生着巨大改变，于是企业的营销观念开始追求顾客满意。顾客满意策略是指企业为了使顾客能够对所提供的产品（商品）或服务完全满意，通过综合客观的评价，测定顾客满意程度，从企业整体全面改善服务、提高产品质量、完善企业文化而实施的经营策略。通过顾客满意策略、使客户对企业信赖并长远地支持企业的发展。

企业导入顾客满意策略，应是把顾客需求（包括潜在的需求）作为企业开发产品的源头，将便利顾客的原则融入产品的功能及价格的设定，各分销促销渠道、环节的建立以及完善物业的售后管理系统等各个环节中去，最大限度地使顾客感到满意。对于企业而言，把顾客满意上升为营销的使命才是真正要去做的事。

顾客满意策略的目标是使顾客达到以下五个满意：(1)理念满意：包括对企业的经营宗旨满意，管理哲学满意，企业文化满意等。(2)行为满意：包括对企业的投资经营管理等行为机制、行为规则模式满意等。(3)视听满意：包括对企业的名称、标志、官方网站、以及企业的应用系统满意等。(4)产品满意：包括对产品的质量、产品的功能、产品的外观造型、产品的价格满意等。(5)服务满意：包括对售后管理、保障体系、物业完好整体性、顾客方便性、服务环境满意等。

2. 顾客满意营销策略的理念

顾客满意营销策略的基本原理在于,"如果服务达不到顾客满意,那么再好的产品也卖不出去"这一朴素思维。

(1) 顾客至上。要把顾客放在经营管理体系的第一位,站在顾客立场上研究、开发产品,预先把可能给顾客带来"不满意"的部分从设计、制造和供应过程中去除,只有顾客对产品产生认同感,才会带来销售的成功。

(2) 顾客永远是对的。这是顾客满意营销策略的重要表现,其中包括三层意思:第一,顾客是商品的购买者,购买商品是为了商品的价值,不是麻烦制造者;第二,顾客最了解自己的需求、爱好,这恰恰是企业需要搜集的信息,提供顾客所需要的商品和服务;第三,顾客有"天然一致性",同一个顾客争吵就是同所有顾客争吵。

(3) 一切为了顾客。"一切为了顾客"要求一切从顾客的角度考虑,想顾客之所想,急顾客之所急,顾客的需要就是企业的需要。因此,企业首先要知道顾客需要的是什么,重视顾客意见,让用户参与有关产品的决策,不断完善产品服务体系,最大限度使顾客满意。企业需要努力在顾客面前提高自己的企业形象以及产品、服务等方面的可信度,只有这样才能给企业注入长久不衰的活力。同时,在产品销售出去之后,企业也要及时跟踪研究顾客的满意程度,征求改进意见并设立目标,调整企业营销环节,在顾客中树立良好的企业形象。

3. 顾客满意营销策略实施的作用

在企业中引入顾客满意策略,一方面可以很好地提供企业与顾客之间良好的沟通渠道,建设顾客真正需要的产品;另一方面可以在企业品牌的知名度和美誉度方面带来一定的提升,这样才能使其在激烈的市场竞争环境中保持自己的竞争优势。

(1) 顾客满意营销策略是企业制胜的关键

顾客满意策略实施能使企业把客户的需求(包括潜在需求)作为发展的目标,收集顾客的建议,站在顾客的立场研究和设计服务环境和服务手段,顺应顾客的需求,让顾客参与决策环节,给予让顾客满意的服务载体,最终得以达到提高竞争能力的目的。

企业的顾客分为外部及内部顾客,外部顾客是企业产品的消费群体,内部顾客即企业的员工。顾客满意营销策略面对的群体是内外部顾客,满足他们的需求,这样的策略对于促进企业发展壮大起着决定性的作用。外部顾客的消费对企业的发展有着促进作用,内部顾客同样也是树立企业名牌效应的决定因素。

（2）能有效地提高项目服务效率

顾客满意营销策略思想能使客户信任企业，认同项目产品，同时由于其是为最大限度地满足顾客要求而设计的，对象针对性强，减少了盲目性，更容易使顾客接受和理解，有利于提高服务效率和水平，让顾客满意。另外，及时收集顾客的反馈，企业容易发现经营上的症结，改善企业经营。顾客满意营销策略思想的核心是站在顾客角度，容易发现企业在经营上的不合理现象以及产品中存在的不足。同时，能使企业与客户在经营、服务上形成共鸣，是企业真正做到和顾客融为一体，共同发展。

4. 顾客满意营销对策

（1）打造品牌，塑造产品

品牌是顾客对企业行为满意度的综合体现，也是购买行为中的信心保证，有利于企业的利润获取和长远发展，因此品牌策略在顾客满意策略中显得尤为重要。打造品牌必须有所依托，借助产品、服务、价格、渠道、宣传等，多管齐下，使得品牌力、商品力、销售力有机结合，从而增加竞争力。

当今品牌正处于尝试建立品牌定位和品牌特征的初级阶段，因此行业里模仿甚至抄袭现象屡见不鲜，范围也不断扩大，包括产品方面的开发理念、户型结构、景观设计，以及营销策略的广告传播、定价、促销策略，甚至是附加功能。一旦成功，即被借鉴，这使得建筑品牌的功能价值表现出很大趋同性，品牌优势可能转瞬即逝。创新正是为品牌注入活力的关键。至于创新的方向可抓住开发理念、生产过程以及服务等方面。

（2）推行顾客关系管理

推行顾客关系管理的主要活动可以按如下顺序进行：

首先，进行顾客分析。某一项目的顾客主体及其需求特征和购买行为是分析的基础，由此再分析顾客差异及对企业利润的影响。

其次，切实履行承诺。企业必须清楚地公布承诺，明确提供的产品和服务，并请顾客予以监督，实现双向的顾客信息交流。

再次，取得顾客信任。获得信任的渠道主要有兑现承诺、执行合同、根据顾客的意见进行及时改进。同时要区别顾客关系的不同类型并研究其特征，从而制订出有针对性的计划满足顾客的特别需求。

最后，抓好信息反馈管理。建立信息反馈制度和核定方法，准确衡量企业承诺目标实现程度，及时发现问题，进行有效处理。抓住顾客和内部两方面，不仅要解决顾客提出的问题，更要从普遍性和规律性问题中对产品和服务做出根本改革，增强预见性。

(3) 构建顾客满意为导向的企业文化

实施顾客满意策略的企业要积极构建顾客满意为导向的企业文化。企业文化的建立不应空谈,应切实落实到每一位员工。思想上,对员工进行顾客满意重要性的宣传;行为上,举行能够使员工感受到顾客满意文化的活动;制度上,培养员工新技能,通过行为上的改变促进认识上的改变,慢慢形成或接近企业倡导的理念,提高生产效率和凝聚力。

5.1.6 沟通策略

1. 营销沟通的涵义

沟通在企业和顾客的商业交往中具有关键作用。营销沟通是公司在品牌定位的基础上,就自己出售的品牌,直接或者间接告诉、说服并提醒消费者的手段。但正如4Cs理论所强调的,这里的沟通应当是一种积极的双向的沟通,目的是实现利益共赢,而不是传统意义上的企业单向劝导和通过促销说服顾客购买产品。

2. 营销沟通策略

营销通过沟通来克服交换障碍,从而实现交换,使企业实现目标。沟通各种营销策略发挥作用的基础,营销沟通策略包括以下几方面的内容:

(1) 确定营销沟通目标

确定沟通目标是整个营销沟通活动的一个重要部分。首先,在确定沟通目标之前,要充分了解目标受众的特点。其次,营销者要设定一个受众反应的期望值,营销沟通就是向顾客灌输信息的过程,从而来促使顾客进行购买。所以营销沟通的目标要根据顾客的反应来设定。

(2) 确定营销沟通的内容

营销企业与顾客进行沟通的目的在于提高和改善顾客对企业产品的认知,从而影响顾客的购买决策。营销企业在设计沟通信息时首先要考虑沟通信息的主题与主张,也就是要有一个中心思想。对于企业而言,在与顾客的沟通中要突出其销售主张,要给顾客一个购买自己产品的理由。销售主张的可信度及说服力,能建立起顾客对产品的信心,同时能将自己的品牌与竞争品牌加以区隔。

(3) 沟通渠道策略的选择

沟通渠道其实就是指企业把经过设计的信息与顾客进行沟通的途径,包括媒体广告、人员推销、包装、活动、公关宣传等。

广告沟通是塑造和提升产品形象、推广产品最常用的手段,可以通过一系列广告创新策略,传递预想的品牌定位,成功实现与顾客的有效沟通,促使最大化地实现企业的沟通目标。通过电视广告、网络广告和报纸广告等方式,不断将产品理念落实,加深产品品牌在消费者心中的个性形象,拉近与消费者之间的距离,促使消费者进行购买。

广告是一种硬性传播,如果企业没有把握好一个度,在一定程度上起反效果会受到消费者的抵触。与此相反,公关活动可以利用其软性特点,消除与消费者之间的部分障碍,可以很好地弥补广告沟通的不足。公关方式通常有:新闻推广、利用周年庆典或者重大事件进行品牌营销、社会赞助发挥亲善效应、通过创办企业刊物传达产品及企业理念等(闫云霄,2011)。

为加强沟通策略,企业需要根据不同的顾客和不同的时间地点采取合适有效的沟通方式。业务初期,介绍公司和产品的同时,认真倾听顾客的真实想法;业务中期,跟进项目进展,及时更新信息,与顾客进行细节问题的沟通协调;业务后期,保证服务和时效。各环节和阶段的标准就是用心和真诚。

当然,充分考虑顾客感受并不意味着一味地遵从,否则便会迎来销售成本不可控和无法达到预期的弊端。因此,公司要在坚持原则的前提下,与顾客进行有意识有目的的沟通,尽快展现优点以获得信任,在此基础上在不影响整体销售框架的前提下再尽力满足顾客的个性需求(刘新杰,2017)。

5.1.7 关系营销

关系的主体是顾客,但也包括供应链上的整个环节,不论是企业还是顾客,需要的是在供应链系统上建立长期、稳定的关系。从公司产品的特点来考虑,其主要顾客是经销商和项目合作伙伴,能否与其建立长期良好的合作关系,直接影响到公司销售业绩和公司能否健康快速发展。按照 Don E. Schltz 的观点,关系是以系统论为基本思想,将企业置身于社会经济大环境中来考虑企业的营销活动,企业营销是一个消费者、竞争者、供应者、分销商、政府机构和社会组织共同参与的过程。

关系的其他对象主体如原料供应商、委外加工单位等,都要求公司立足于长远利益的考虑,有责任心地对待业务交易,将双方的优劣势和需求充分平衡,在过程的质量、成本和效率等方面达成共识(刘新杰,2017)。

1. 关系营销的含义

关系营销是识别、建立、维护和巩固企业与顾客及其他利益相关人的关系的活动,企业通过不断努力,用成熟的履行承诺的方式,使活动涉及的各方面的目标得以实现。其适用领域也变得越来越广阔,从原来的单一的工业品的服务市场,逐渐扩展至营销渠道、消费品市场、非营利组织与社会领域。关系营销将企业置于社会经济大环境中,考察企业的市场营销活动,是将消费者、竞争者、供应商、分销商、政府机构和社会组织融合,发生互动作用的过程。企业需要去正确处理与这些个人的关系,关系营销建立与发展所带来的同相关个人及组织的关系会是企业营销的关键变量。

美国营销学者白瑞于1983年在一篇服务营销的会议论文中首先提出了关系营销的概念。但是,实际上对关系营销的研究是由发源于北欧的诺丁服务营销学派以及产业营销学派首先提出并发展起来的。由于企业组织结构向网络化转变、策略营销联盟等企业合作形式的推广以及计算机信息技术迅速普及等因素的影响,在80年代和90年代关系营销吸引了众多营销学者的研究兴趣,学派纷呈。英澳学派的六市场模型,美国学者摩根和亨特的投入—信任理论,瑞典学者古姆松的30R理论,芬兰学者格朗鲁斯的价值、交换和对话过程理论,美国著名学者科特勒的全面营销理论以及美国学者谢斯的关系营销演变理论等都是当今比较具有代表性的关系营销理论,这些理论以多视角和从不同的侧面对关系营销进行了探索,全方位地推动了关系营销研究的深入,企业也在这些营销理论中不断寻求改善营销业绩和在新竞争环境下有效的营销方法的机遇。

2. 关系营销策略的内容

美国的商业研究报告指出,多次光顾的顾客比初次登门者可为企业多带来20%～80%的利润;固定顾客增加5%,企业利润将增加25%。同时,企业的营销策略可分解为:顾客关系营销策略、供销商关系营销策略、竞争者关系营销策略、员工关系营销策略、影响者关系营销策略。其中员工关系营销是关系营销的基础,顾客关系营销是关系营销的核心。企业的产品最终是要面向顾客,顾客是企业生存与发展的基础,市场竞争也是对顾客的竞争。如今的竞争市场如此紧张,公司的首要业务任务,就是持续地用最优的方法满足顾客需要,以保持顾客的忠诚度。因此,企业要想与顾客建立良好关系,促使其成为忠诚顾客,必须做到以下几点:

(1) 树立以消费者为中心的观念。

(2) 了解顾客的需要,针对顾客的需要设计产品。

(3) 建立顾客关系管理系统,培养顾客的忠诚度。

只有企业为顾客提供了满意的产品和服务,顾客才会对产品进而对企业产生信赖感,成为企业的忠诚顾客。忠诚的顾客是企业最宝贵的财富,好的顾客就是企业宝贵的资产,只要维持关系、管理得当和为其服务,他们就能为企业带来丰厚的终身利益。

总结起来,关系营销的基本观点如下:

(1) 强调交易与关系的结合。关系营销理论认为,营销对于企业来说是一个管理过程,然而企业无法脱离社会,所以又是一个社会过程。企业与顾客通过相互交换实现交易活动之后,企业需要通过履行承诺,建立和巩固各方关系。从交易的完成到关系的建立,是一个连续的、系统的过程,一个完整的营销活动,需要两者的完美结合。

(2) 强调关系的多元性。企业面临着供应者市场、竞争者市场、雇员市场、推荐市场(分销商市场)、顾客市场、影响者市场等六大市场关系。关系营销需要企业不仅注重多方市场关系的识别、建立和处理,而且注重通过相互沟通和协调,去形成、维持和巩固与利益各方之间的一种关系,这种关系一定是稳定的,相互信任、相互依赖的。

(3) 强调实现多赢的目的。关系营销的核心是企业在获得新顾客的同时,通过关系的维持和巩固,保持住老顾客。这就需要企业的营销活动必须兼顾多方市场关系的利益,实现自身目标必定是营销的前提,努力照顾实现各方的目的,才可以加强同各方的关系。

顾客关系营销的重点也是难点在于发展一种同企业最佳顾客之间的特定关系,顾客从中感受到良好的双向沟通,并认为自己得到了特别关注和奖励。许多事实表明,仅仅让顾客满意是不够的,当出现更好的产品供应时,宣称满意的顾客经常更换供应商。这说明高度的顾客满意和喜悦能培养一种对品牌情感上的吸引力,而不仅仅是一种理性偏好,并且将建立起高度的顾客忠诚。俱乐部市场营销、频繁市场营销、一对一市场营销都是解决顾客关系营销难题的比较有效的手段和方法。

5.1.8 回报策略

1. 回报策略的含义

回报策略又称报酬策略,简而言之就是酬谢你的顾客,回报策略是 4Rs 营销中的一个重要部分,就是同时也是留住顾客、与顾客建立关系的重要一环,是房地产企业将一个潜在顾客变为一个主动型顾客的过程。回报策略以追求持续和谐的发展和获得顾客和社会的肯定为目标。回报一词兼容了成本和双赢两方面的内容,追求回报,在充分考虑顾客愿意付出的成本的情况下,企业通过实施低成本策略,实现成本的最小化,并在此基础上获得更多的顾客份额,从而形成规模效益。企业为顾客提供价值,同时企业也在不断追求回报,客观上达到的是一种双赢的结果。

2. 营销回报策略

通常来讲,回报策略可以分为两个方面,一种是从物质上给予顾客回报,一种是从精神上给予顾客回报。

(1) 创造物质回报

提高顾客让渡价值从而创造物质回报。顾客让渡价值是指顾客期望从某一特定产品或服务中所获得的利益与顾客购买此产品或服务所引起的相关预计总费用之间的差值。企业可以通过增加顾客购买的总价值或者降低顾客购买的总成本来提高顾客让渡价值。

一个忠诚的消费者是房地产企业在营销中所追求的理想境界,因此房地产企业要在产品的核心价值之外给予消费者超额的感受,回报消费者的购买行为,努力增加产品的附加价值,减少顾客的心理成本。通常可采取的方式有给顾客提供一个优质的物业管理或是给小区营造优美的环境等,这些方法都可以提高顾客的让渡价值,让顾客从中获得心理上的愉悦感和满足感,从而将此转化为对房地产企业的忠诚感。

(2) 创造精神回报

加强社会责任感,创造精神回报。随着经济全球化的加速,企业社会感逐渐形成不断发展的国际潮流,各大公司纷纷将其视为公司核心业务运作的重要组成部分。对于建筑行业,一方面要结合政府的规划解决民生问题,同时也要在产品运作过程中坚定不移地走诚信道路,让百姓放心,这样,建筑企业才会具有其价值和意义。

因此,以社会责任感为出发点,以知识传播、树立良好的企业形象、建立诚信等方式,来提升企业竞争力,成为需要建筑企业认真考虑的一个营销策略。但是,并不是每一个房地产企业都能把社会责任视为己任,现如今还有很多为牟取暴利而不顾消费者权益的黑心企业。在这种情况下,建筑企业的产品品牌和其社会责任感成为一种壁垒,是消费者在做出最后的决定之前所考虑的重要因素。一个拥有着高度社会责任感的企业,必然会得到社会的认同和消费者的好感(赵杨,2008)。

5.2 竞争策略

20世纪80年代,迈克尔·波特教授创造性地提出了竞争策略理论,这一理论以其论证严密性和思维独创性引起了理论界与实业界的普遍关注,他将策略理论提升到了一个全新的阶段,是里程碑式的创举。企业竞争策略的选择实质上就是一个公司将其内部资源与外部环境建立联系并适应的过程。随着建筑市场竞争的日益激烈以及工业化建筑的不断兴起,建筑企业的发展面临着诸多挑战与机遇,很多建筑企业设置了与策略管理有关的部门和职位,逐渐把企业竞争策略的研究和制定能力当成核心竞争力来打造。本节将从竞争对手、产品特点、市场需求状况特点和消费需求这几个角度来分别阐述竞争策略的选择。

5.2.1 基于竞争对手

1. 企业的价格竞争策略

市场中最容易被顾客观察到的有关于产品的变量就是价格,企业之间的竞争最直接的表现也是价格竞争。我国部分产业的区域性寡头垄断市场结构决定了他们之间的竞争属于寡头竞争,现实中常见的价格竞争策略主要有以下三个:

(1) 垄断定价策略

垄断定价是具有一定垄断市场势力的企业行为。理论分析表明,企业市场势力的大小取决于不同的市场结构。根据边际收益等于边际成本的利润最大化原则,垄断企业的定价法则是价格=边际成本/(1+1/需求价格弹性系数),价格 $P \geqslant 0$ 使得需求价格弹性系数 $|E| \geqslant 1$,表明垄断企业只会在富有弹性的地方从事生产。我国部分产业的区域性寡头垄断市场结构特征,使得企业在定价过程中拥有较强的市场势力,在一定程度上都能采取垄断定价策略。国内很多学者(汪浩、王小龙,2005;况伟大,2004;中国人民银行营业管理部课题组,2004)都基于产业组织理论,应用勒纳指数对某产业的垄断程度进行了多项研究,其结论基本一致,即该产业的勒纳指数偏高,价格严重偏离了边际成本,说明市场的垄断程度高。因此,理论上企业具有借助其市场势力进行垄断定价的可能,但这种垄断定价通过弱化竞争市场的价格机制产生了扭曲作用,也造成了市场的价格刚性问题;经验研究则表明企业正在利用自身的垄断势力,通过垄断定价策略来获取更高的垄断利润。

(2) 价格歧视策略

价格歧视是针对购买同一商品的不同消费者索要不同的价格,是不完全竞争市场所特有的市场行为。根据庇古的经典分类法,价格歧视可分为一级、二级和三级价格歧视。由于市场信息的不完全,企业的价格歧视主要属于二级与三级价格歧视,特别是关于销售时间与产品空间的价格歧视策略。

a. 时间价格歧视。著名的"科斯猜想"表明,当价格调整的间隙收敛为零时,一个无限期耐用品生产者的跨时期利润将趋于零。为了避免"科斯猜想"的零利润状况,企业需要采取一定的措施,比如企业承诺在一定时期内产品不会降价,如果真的降价,消费者可以要求退还差额款项。

b. 空间价格歧视。空间差异因素直接影响的价格差异。除成本因素外,企业是否拥有消费者偏好的明确信息也是实行空间价格歧视的重要原因。如果企业了解消费者的偏好,那么就可以根据其不同偏好设计出不同的价格以供不同的消费者选择。但事实上,企业要确切知道哪些消费者将购买哪个楼层是非常困难的,所以才有必要根据偏好特征制定不同的价格,等等。

(3) 价格串谋策略

在寡头市场中,企业行为决策必须考虑到企业间的互动关系。虽然价格串谋行为存在很大的不确定性,但市场的独特结构特征,使得企业之间的价格串谋策略不仅成为可能,而且具有相当的普遍性与稳定性。目前,市场中价格串谋的推动因素有很多,首先,市场集中度越高越有利于价格串谋的形成;其次,"寡头主导、大中小并存"的寡头垄断市场结构特征决定了市场竞争属于分层竞争,即大型企业之间、中型企业之间以及小型企业之间分别展开竞争。这种对称性的企业之间比非对称性的企业之间更容易产生和维持价格串谋;最后,多重市场的联系也有利于价格串谋的形成。不论是价格领导还是价格联盟形式,都能增加生产者剩余而降低消费者剩余,这也是企业进行价格串谋的动机之所在。

2. 企业的非价格竞争策略

企业除了采取一定的价格竞争策略,应该在此基础上寻求在成本控制、产品设计及管理等方面的市场竞争优势以进行多种形式的非价格竞争,非价格竞争主要包括差异化竞争策略与区位竞争策略两大方面。

(1) 差异化竞争策略

借鉴科特勒的产品五层次模型(核心产品、一般产品、期望产品、附加产品和潜在产品),企业要顺利开展差异化的非价格竞争策略,必须要识别合理的差异化要素,基于产品层次视角地建设差异化竞争模型。

　　a. 概念差异化策略。核心产品(利益)的外在表述是"概念"观念的实质。概念差异化的表现形式是简洁、通俗及高度概括的概念语言,将产品的定位突出来体现产品层次中的核心利益价值。

　　b. 属性差异化策略。产品的属性即功能、特性等方面,属性差异化也是通常所说的一般意义上的差异化。设计的不同导致质量存在差异,产品的属性差异化可以达到提高企业利润的目标。

　　c. 服务差异化策略。服务差异化直接导致了企业在产品附加价值上的竞争,附加服务使得产品逐渐向潜在产品转移,也使得企业越来越关注在行业外提供补充性产品及服务。

　　d. 品牌差异化策略。从营销学的角度来看,品牌是属于房地产的一个十分重要的属性,但是品牌属于营销属性,是与属性差异化中的自然属性不同的,品牌差异化策略需要企业通过营销活动来塑造。

　　(2) 区位竞争策略

　　区位的好坏直接决定了价值的高低,因为区位竞争策略的存在,企业之间的空间竞争行为也十分激烈。工业化建筑企业间的区位竞争策略主要包括豪泰林线形空间竞争和萨洛普环形空间竞争两种形式。

　　a. 豪泰林线形空间竞争策略。在豪泰林线形空间竞争模型中,假设存在一个长度为1的线形城市,消费者均匀地分布在密度为1的区间[0,1]内,竞争模型中的产品具有相同的属性,差异性仅体现在空间位置。该竞争模型主要包括两种情况:第一,在地址选定的情况下,企业如何选择价格以得到最大化的利润。当产品的空间位置分别位于城市的两端时,其价格均为单位产品成本与单位距离交通成本相加之和。而在两个楼盘位于同一位置的情况下,其价格均为单位产品成本,也是在这个时候达到伯特兰德均衡;在其他情况下,随着距离的增加,两家企业对同一消费者的竞争逐渐减弱,有利于企业获得市场势力而提高价格。而随着距离的接近,企业重叠的市场区域增大,企业之间的竞争也随着重叠区域的增大而逐渐加剧,直到重叠区域完全相同,也就是伯特兰德竞争的极端情形。第二,在两家企业首先给定价格的情况下,如何选择最佳地址以进行更好的销售。此时,由于企业间不存在价格竞争,所以两家企业主要是争夺位于他们之间的消费者,都倾向于向线性城市的人口辐射范围最大处移动,直到两个楼盘同时到达线性城市的中心时才停止。可见,当价格给定时,企业的选址将趋于集中。总的来说,当企业遇到价格竞争时,将会做出远离竞争对手以扩大差异化程度的选择;但是如果没有激烈的价格竞争,他们反而会选择靠近竞争对手以获得最大化的市场需求和利润。

b. 萨洛普环形空间竞争策略。萨洛普环形空间竞争模型假设企业分布在周长为1的圆周上,该竞争模型存在两个阶段的博弈。第一阶段是 n 家企业同时进入某一区域市场并选择场地;第二阶段是企业选择价格以使利润最大化。萨洛普环形空间竞争模型对企业具有极高的现实意义:

首先,特定的市场区域具有有限的企业数量,他们都在自身的地理位置上具有一定的市场势力,因而往往能够形成自己的垄断性区域市场。

其次,假设其他条件不变,企业间的产品区位距离越远,他们的垄断性区域就越大,他们之间的竞争也就会越弱;反之,他们的重叠市场区域增加,他们之间的竞争会变激烈;其中最极端情形便是当房地产产品位于同一区位时,此时就会进入完全竞争状态。可见,房地产企业为了降低竞争压力,其最优的区位竞争策略就是不断增大房地产产品的区位差异,即相互尽量远离对方的区位进行选址(王恕立、耿建明、胡宗彪,2011)。

5.2.2　基于产品特点

根据市场营销组合,企业通过提供满足客户需求的产品或者服务来获得利润而进行的一系列营销方案,是企业部属市场营销策略的一个关键环节。产品在4P组合中为首要可控因素。产品必须是根据客户的需求为导向进行开发的,功能性和实用性必须放在第一位,并且在市场卖点方面应该具有不可复制性、不可逾越性。所以产品也是整个市场营销策略的核心和基石,没有产品的市场营销策略只可能是空谈。

产品差异化是企业以某种方式或者方法修正及改变市场上类似产品,从而使消费者对这些存在差异的产品产生一些不可复制的差异偏好,即独特的市场卖点。而一般所说的产品与众不同,其实就是与市场中类似产品之间的差异。通过产品自身所包含的差异化,满足不同层次客户的需求,以获得更多的销售和市场份额。当消费者拥有许多的选择情况下,只会选择其中某一件能够满足自己喜好的商品,购买一个或者有限数量,差异化的产品就是在这种情况下应运而生的。市场的竞争激烈程度与产品的同质性密切关联,当产品为完全同质的情况下,市场则反映出完全竞争状态,而当同行业的产品存在轻微的差异时,企业将处在垄断竞争状态,当产品存在明显差异或者是无相近替代品时企业就会处在完全垄断状态,完全掌握市场。

通常,选择目标并细分应用市场是企业走向胜利的重要策略方案,是企业营销策略的主要方向。选择适合企业自身资源和优势的目标市场进入,有针对性地进行市场营销工作。根据公司目前现状,企业应该在进行差异化产品开发的时候,使用"短平快"形式的市场竞争策略,在现阶段设计并开发出针对细分应用市场的具有差异化的升级产品,这种差异化产品并不是指需要开发出具有完全新的化学结构物质,仅仅是为了满足应用领域的不同质量指标需求,对常规产品进行升级分类,迅速研发出可以满足需求产品型号投入市场,这样才可能快速地得到市场的接纳,并为企业带来预期的经济效益(杨剑,2017)。

5.2.3 基于市场需求状况特点

1. 市场需求状况特点

一是市场需求具有广泛性。人类生存发展需要基本物质条件,在一切存在着商品生产和交换的国家和地区都存在着产品的生产和交换。二是市场需求的多样性。因为经济收入、使用目的、文化观念等存在不同,人们对产品的需求也有所不同。三是市场需求的融资性。一般情况下,购买产品无论对于个人还是组织都是一项开支,而购买者出于经济压力或者投资考虑通常会借助金融信贷机构的融资手段,以及各种商业信用和民间信用形式来满足购买商品的需求。四是市场需求的长期性。一项耐用消费品,其使用年限往往高达几十年。

2. 市场需求的决定因素

市场需求的决定因素有:消费者的数量、购买力、购买欲望。在市场需求的决定因素中,人口和购买力是产品开发企业难以控制的因素,而购买欲望这个因素则是可以影响的。

3. 需求价格弹性分析

对购买者来说,人们生产生活的必需品是很重要的,而且其替代性较差,所以,需求价格弹性不大。换句话说,就是当价格发生变动时,市场对它的需求量不会出现太大的变化。但是,不同类型的产品的需求价格弹性也不能一概而论。通常,普通产品的需求价格弹性相对来说较大,适当的降价会增加需求,而对于高档产品来说,价格的变动对需求的影响则较小。

5.2.4 基于消费需求

当前,消费主体的转变,必然带来消费需求和消费模式的变化。普通居民家庭一笔消费支出,必然会对价格、质量、户型、环境、服务等有更高的要求和更强的敏感性。同时,由于不同消费者之间年龄、收入、生活习惯、文化素养的不同,导致其消费心理和消费模式也各有不同。因此,如何适应消费群体的变化,及时调整产品结构和营销策略,成为摆在企业眼前的新难题(周庆竑,2010)。

1. 购买者的经济收入状况

购买者的经济收入水平对房地产的价格变化趋势有着重要的影响。一般来说,购买者一般都是买在自己经济能力范围内的产品。改革开放之后,我国的居民收入逐年增加,进入21世纪以来,我国城镇居民收入增长加快,从2001年的6 900元增长到2010年的19 109元。

2. 购买者的心理预期

购买者对市场的心理预期对房价的发展趋势有着很大的影响。例如,当市场高涨时,消费者对市场信心上升,导致消费者购买数量大幅度增加,企业在这种情况下经常捂盘惜售,导致价格更高。当前,国家出台一系列调控产业的措施,导致消费者对价格下降的预期增加,销售量逐步萎缩。

3. 政策变化对购买者行为的影响

购买者行为的改变与国家政策的变化有着密切的联系。购买者行为因为国家政策的调整而做出的某些反应又大大地影响了价格。在当前的市场调控过程中,国家数次上调银行存贷款利率,加重了购买者的经济负担。导致一些潜在购买者推迟或者取消了相关采购计划,而进行其他投资。购买者这种对调控政策的行为反应,导致了产品需求量的下降,产品供给会相对变得充分,销售量也会下降,这对价格形成一定压力。

4. 投机性购买行为对价格的影响

投机性购买者大多用大额资金以较低价格购买产品,从而减少市场特定产品的供给数量。随着特定产品供给的减少和产品总体价格的上涨,在目标价位实现后,投机性购买者出清之前所购入的产品。这种投机性购买行为对特定产品的价格产生重要影响。但是随着市场调控的深入进行,特别是限购、限贷政策已经对投机性购买行为形成严格的约束(马明,2012)。

第6章
国内外工业化建筑案例分析

工业化建筑最早是随着西方工业革命出现的概念。随着欧洲兴起的新建筑运动，实行工厂预制、现场机械装配，逐渐形成了工业化建筑最初的理论雏形。随着时间的推移，发达国家都有了比较成熟的应用工业化建筑的经验。中国的工业化建筑最早始于 20 世纪 50 年代，从那时起我国就开始推广装配式建筑，提出了自己的工业化建筑道路，历经兴起、停滞、再提升等多个曲折发展阶段，现如今正逐渐缩小与发达国家的差距。本章将从国内、国外两个方面，选取若干典型的工业化建筑案例，通过案例来具体分析在工业化建筑环境下企业如何进行市场运营以及如何选择策略。

6.1 国内案例分析

近年来，我国的工业化建筑发展迅速，建筑体系与配套技术日趋成熟，预制构配件生产能力、建筑机械化水平不断提高。当前，虽然我国与一些发达国家的工业化建筑有着许多差距，但是我国正在全面推行建筑行业的革新，大力发展工业化建筑。在发展工业化建筑的过程中，涌现出了许多优秀的公司，本节将从房地产企业、建筑业企业、构建生产商三个角度选择具有代表性的三家公司：万科、中建、润泰，分析这三家企业是如何进行市场运营与策略选择的。

6.1.1 房地产企业案例分析——万科

1. 万科集团概况

（1）万科的发展历程

万科是我国房地产行业的领军者，在管理能力和技术水平方面都有杰出的表现，是业主方的典型代表。1984 年，万科正式成立，1988 年开始涉足房地产领域，历经30多年的发展,万科在中国大陆65个城市都拥有开发项目。企业布局范围十分广泛,并形成了四个核心发展区域:广深区域、上海区域、北京区域和中西部区域。这四个核心区域覆盖了中国的珠三角、长三角、京津冀和中西部核心城市,基本是实现了中国一二线城市的全面布局,以城市圈带作为企业的发展策略。

万科的两项核心业务是房地产开发和物业服务,也是万科的主要盈利来源。万科十分注重把握市场和消费者的需求变化,满足其对于城市配套服务的要求,因此万科始终致力于城市配套服务,利用两项核心业务的优势,逐步扩大企业的业务范围,进入商业地产、物流地产、长租公寓、冰雪运动、养老、教育等城市配套服务相关行业。坚持与城市同步发展、与客户同步发展是万科的两条发展主线。

在房地产开发领域,2016年公司实现销售面积2 765.4万平方米,销售金额3 647.7亿元,同比分别增长33.8%和39.5%。2016年万科在全国市场占有率为3.1%,较2015年提高0.1个百分点。2016年,万科在北京、上海、广州、深圳、杭州、武汉、苏州、东莞、佛山、南京、西安、宁波、沈阳、天津14个城市的销售金额超过百亿;在40个城市的销售额位列当地前三(资料来源:http://www.vanke.com/about.aspx?type=3)。

万科在30多年的发展过程中,企业的经营策略也进行了多次调整。总体而言,可以分为以下三个不同的时期:

① 扩张时期(1984—1992年)

1983年,王石通过为现代化养殖农业提供饲料原料,为万科的创立累积了原始资本。1984年,成立"深圳现代化科教仪器展销中心",即万科前身,进入机电行业。该中心为国营性质,经过经营发展成为深圳最大的进口销售商。随后与北京市协和医学科学技术开发公司共同投资成立"深圳现代医学技术交流中心",进入医疗行业。而在1988年,公司通过公开竞标,以2 000万元获取威登别墅地块,同时与深圳宝安县兴安镇合作,投资第一个投资开发项目,从此,正式进入房地产行业。同年,经过股份制改革,公开募集资金2 800万元,成立深圳万科企业股份有限公司。1990年8月,万科的第一个住宅项目深圳天景花园竣工。1991年,公司确立了"综合商社"的发展模式。按照国际综合商社的业务布局,将公司涉足领域调整为十大行业:进出口贸易、零售连锁商业、房地产开发、金融证券投资、文化影视制作、广告设计发布、饮料生产与销售、印刷与制版、机械加工和电气工程。将近10年的时间,万科从单一化的贸易公司向多元化的综合商社迅速扩张,成为涉足多个商业领域的大型企业。

② 收缩时期(1993—2001年)

1993年,万科决定放弃以"综合商社"为目标的多元化经营发展模式,将其发展方针定为:加速资本累积、迅速形成经营规模,同时确定将城市大众住宅开发作为企业的主导业务。将企业业务范围进行了收缩,向房地产业务倾斜。1994年,万科拥有24家子公司,涉及房地产、物业管理、商业贸易、咨询服务、影视文化、饮料食品、广告经营、印刷品设计等行业,涉及的行业仍然很多,但是房地产和物业管理在公司中占据的地位不断上升。1995年,万科将旗下三家贸易公司合并为万科贸易有限公司,并在1996年转让深圳怡宝食品饮料有限公司股权,退出食品行业。在1997年,募集资金3.83亿元,为深圳房地产项目开发和土地储备提供了有力的资金支持,房地产业务在万科企业中的核心地位日益突出。同年,转让下属的两项工业项目,退出工业行业。于1999年,万科成立建筑研究中心,提供房地产开发水平和技术能力,进一步加强房地产业务的资源投入。2000年,华润持股万科总股本的15.08%,成为万科企业的第一大股东。在2001年,万科转让了万佳百货股份有限公司72%的股权,这个标志性事件,也表明万科完全成为房地产开发公司。通过8年时间,万科完成了资本的积累,并进行了重大的企业策略改革,对于企业业务进行了大幅收缩,完成了专业化策略调整。

③ 专业化运营时期(2002年至今)

2003年,万科积极开拓以深圳为中心的珠江三角洲区域、以上海为中心的长江三角洲区域、以沈阳为中心的东北区域,形成深圳、上海和沈阳区域管理中心,将全国市场进行细分,进行专业化经营,逐渐形成城市圈带的发展模式。2004年,万科与国际房地产投资银行(简称HI)以及新加坡主权基金GIC下属子公司分别签订合作协议,成功地完成了海外融资,这也意味着万科的国际化合作道路的开启。2005年,万科成立住宅产业化研究基地项目,也标志着万科住宅产业化正式进入规划设计阶段,也说明了万科在房地产技术领域的领先程度。并于同年,与南都集团签订策略合作协议,获取了南都集团下属的上海南都70%权益、苏州南都49%权益和浙江南都20%权益,并且借此正式进入浙江市场。2006年,公司受让北京市朝万房地产开发中心60%的股权,完成了万科在环渤海区域策略布局的重要一步。2012年,万科完成收购香港上市公司南联地产控股有限公司75%的股权,并将其更名为万科置业(海外)有限公司。自此,万科旗下拥有了一家香港上市公司,成为拓展海外业务的重要平台。在专业化经营阶段,万科也并没有故步自封,在专注于大众住宅开发的同时,积极在全国逐步完成策略布局,实现了万科在住宅项目上的专业化、产业化和区域化(周庆竑,2010)。

(2) 万科集团组织结构

万科的组织结构主要有5条主线:产品线、运营线、管理线、内控线,以及董事会。5条主线下设各个部门,采用职能式的组织结构,如图6.1所示:

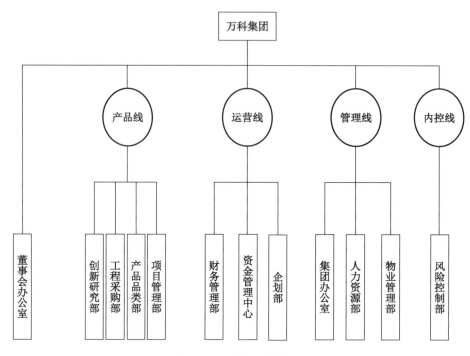

图6.1 万科组织结构图

资料来源:根据本研究资料整理

(3) 万科的产品情况

万科专注于大众住宅项目的开发,经过专业化经营策略的实施,万科在房地产住宅方面具有很强的竞争优势。早在2005年,万科就被国家工商总局认定为中国房地产界的第一个驰名商标。经过对市场和顾客进行深入的细分,如表6.1所示,万科形成了成熟的产品线,主要分为五大系列:高档系列、城市花园、四季花城、金色系列和自然人文系列,58个基本户型,基本满足了不同类型的消费者需求。与此同时,万科在城市配套服务方面也有着突出的表现,近年来开发的养老地产、教育地产等产品,对于市场进行了更为深入的划分,满足特殊人群的住宅需求。引入住宅产业化、智慧建筑、绿色建筑等概念,提升产品的附加价值。物业管理也是万科的核心业务之一,是我国首批获得物业管理一级资质的企业,在小区的物业服务上做得很完善,对于万科企业的产品进行了相互补充,提升了产品的市场竞争力。

同时通过客户管理、客户满意度调查等方式,不断完善产品的开发,落实"好房子、好服务、好社区"的"三好住宅"产品理念,满足不同类型的消费者。

表 6.1 万科的产品线列表

万科产品线	住宅	城市花园系列	城郊	随着万科"城市深耕细作策略"的实施,在产品命名方面更趋向于多元化,但在产品设计方面更加趋向于产业化、标准化
		四季花城系列	郊区	
		金色系列	城市中稀缺地段或占用稀缺资源	
		自然人文系列	低密度住宅	
		以距离城市中心的远近程度分为四大系列,再根据项目位置、客户需求分为 8 个系列		
	商业	2010 年进入商业地产领域		

资料来源:blog. sina. com. cn/s/blog. 4c0a40c50100vt18. html

(4) 万科产业布局

随着房地产行业进入白银时代,盲目地扩大房地产项目投资,增加企业的土地储备,已经不能适应市场的发展。万科在专注于大众住宅项目开发的同时,跟随城市发展轨迹和客户需求升级,积极拓展新的商业机会。主要扩充运营商业地产、物流地产、养老地产和旅游项目等方面的业务,实现企业的产业布局。

万科的企业定位为城市配套服务商,而商业作为城市配套服务的重要组成部分。因此,万科进入商业地产项目,属于必然事件。商业地产与公司各项业务存在广泛的协同效应,开发商业地产对于完善万科的产业结构具有重要的意义。2016 年,万科为了提升企业的商业地产运营能力,与印力集团签订合作协议。印力集团主营商业地产,在商业地产开发和运营管理方面拥有丰富的经验。两者合作之后,万科也顺利接手了印力集团一大批稳定、优质的客户资源和大量的商业管理面积,成功在商业地产领域布局。

在物流地产方面,万科实施"聚焦大客户,聚焦重点城市,主打高标库产品"的策略。截至 2016 年底,万科物流地产累计已获取 18 个项目,总建筑面积约为 147 万平方米,其中,2016 年新增项目 10 个,新增可租赁面积 96 万平方米。

在旅游项目运营方面,万科以不同地区的特点,投资和开发不同的旅游项目。万科现在已经成功运营管理了吉林万科松花湖、桥山北大湖以及北京石京龙三个滑雪项目,初步树立了万科冰雪品牌形象。在滑雪项目上,万科做到了在雪道面积、造雪系统、服务面积、索道数量均居全国第一。同时，万科松花湖度假区正式升格为国家4A级旅游景区。

在养老地产方面，万科基于老龄化程度越来越深这个市场大背景下，深入分析消费者居家养老的需求，探索新型养老模式，扩充城市配套服务的内容和范围。2015年，万科建立杭州随园嘉树项目，这是企业第一个投入运营的大型养老社区。现在已经有600余位老人入住该小区，并且成为2016年G20峰会的接待参观点，是我国养老地产开发的示范项目。

2. 万科市场运营分析

(1) 宏观环境分析

① 政策环境分析

我国的房地产行业属于政府强管控行业，政府颁发的各项宏观调控政策都会很大程度上影响企业的经营和发展状况。1997年以来，国家做出了扩大内需、拉动国民经济增长的策略决策，提出把住宅与房地产业培植为新的经济增长点和消费热点，发展房地产业与国民经济发展的总体策略高度一致。1998年以来，国家实施以取消福利分房，促使房地产行业的市场化进程。而近来房地产十分火爆，政府相关政策不断出台。2016年多地房价出现非理性上涨，热点城市在国庆节前后纷纷重启限购限贷政策，上海、北京、郑州、成都、济南、无锡、合肥、武汉、南京、南宁、广州、深圳、佛山、厦门、东莞、珠海、福州、惠州等超过20个城市继续收紧调控，提高购房资格或贷款门槛等。例如武汉，2016年9月至12月期间，连续4次出台调控政策，从单纯限贷、提高二套房贷款比例，到限购限贷，再到扩大限购范围，调控的力度和范围不断扩大。在2017年两会期间，政府多次提到"房子是用来住的，不是用来炒的"，在政策上明确了房地产的定位，房地产进行新一波的调控已属于必然事件。房地产调控政策的出台，压制投资和投机性购房行为，意在进一步抑制房价上涨，使房地产市场回归以刚需购房为主，让市场回归理性，促进房地产行业健康平稳地发展。1995年，政府确立了工业化建筑为未来建筑业的发展方向，并相应地提出了住宅产业化等一系列概念，至今为止陆续出台了一系列优惠补贴政策以及行业标准，推荐和规范工业化建筑的发展。

② 经济环境分析

我国房地产行业经过快速发展的黄金增长时期，已经成为国民经济发展的重要组成部分。房地产行业与我国国民经济呈现正向相关的发展态势，并带动了一系列上下游相关产业的发展。20世纪80年代，我国处于计划经济时代，长期实行福利分房制度,商品房成交量极少,房地产行业的生产总值仅仅占国内生产总值的0.1%左右,当时我国的房地产行业正处于起步阶段,对于国民经济的发展所起到的作用微乎其微。据国家统计局相关数据,2015年我国房地产开发总额达到95 979亿元,住宅施工面积为66.9亿平方米,2015年全社会固定资产投资总额为562 000亿元,房地产开发投资占全社会固定资产投资总额的17.08%。2001年至2015年间平均增长速度达到24%。虽然目前我国经济增长速度放缓,但整体经济形势呈现良好的态势,近年来居民的消费信心指数不断提高,显示了中国内地市场消费趋旺的稳健发展态势。消费信心的提高,对活跃住房消费有积极作用。

③ 社会环境分析

a. 人口因素方面:房地产需求的来源,从根本上而言是由人口来决定的。全球人口总数量下降和人口老龄化趋势加剧,是全球所面临的共同问题。其主要原因是由于全球出生率下降,甚至有些地区出现人口负增长的现象,同时随着生活条件的改善和医疗水平的提高,人类的寿命也普遍延长。而我国实施了几十年的计划生育政策,使得我国人口数量和年龄的分布都产生剧烈的变化,人口因素的变化会给我国房地产行业带来巨大的影响。据相关统计资料显示,25~45岁为我国购房的主力人员,该年龄段人口数量已经在2008年达到最高峰,这也是2008年我国房价疯涨的主要原因。而在未来14年间我国的城镇化建设程度将不断提升,这将会带动一部分农村购买力,抵消城市适龄购房人口下降的趋势。城镇购房25~45岁适龄人口在2015年至2027年间会形成一个较为稳定的峰值区间,大约在2023年左右达到峰值,约为2.483亿元(董雪俊,2015)。

b. 社会文化方面:中国传统文化中一直有"安土重迁""成家立业"等思想,这些文化对于中国人的思想和观念中有很重要的影响。而购房则是这些思想的具体表现,先购房再成家已经是约定俗成的。正是由于这些传统思想,中国的青年人的购房率大大高于其他国家。同时,很多人把房地产作为经济实力和社会地位的象征。因此,中国的购房氛围十分浓重。所以中国房价不断攀升和高购房率的一个主要原因是社会传统文化的影响,客观上讲,这并不是一个理性购房行为。

④ 技术环境分析

目前,我国房地产行业已经形成了一个相对完善的系统,从项目开发、施工到后期物业管理,在房地产开发的全寿命周期上都已经形成一套固定的流程体系。随着建造技术的进步和管理理念的提升,工业化建筑在我国的实施推广程度不断加深,住宅项目正在向产业化、集成化和规模化发展。工业化建筑,简单而言是让建筑也可以工业化地成批生产,凡是能在施工现场分解出来的部件,都拿到工厂的生产线上按照标准化做出来,它以改革生产方式作为核心。在传统技术框架和框剪基础上,主要注重于内外墙板、梁柱、楼板等构件的工厂化生产,构件的工厂化预制生产比率为40%~50%,同时做到现场装修一体化。工业化建筑是将传统的粗放式大规模现场建造方式,转变为工厂流水化生产,减少现场湿作业。以集约式生产方式为主,能够有效地控制施工质量,减少施工人员,可以改善传统房地产项目开发过程中高投入低产出的现象。同时随着BIM技术、智慧建筑、绿色建筑等新技术的出现,房地产行业必将面临大规模的转型升级(朱哲,2015)。

(2) 市场需求分析

房地产拥有广泛的市场需求,无论是普通住宅还是商业地产,都是人们生活中的必需品。首先,建筑是一切人类生产活动的基本物质条件,为人类的生产活动提供基本的庇护和活动场所。其次,房地产的市场需求具有多样性:购房作为一项特殊的消费,不同消费者在消费心理和消费模式上都大有不同,对于建筑产品的质量、环境、服务、价格等方面都有不同的要求,市场需求也存在很大的差异。再次,市场需求具有融资性:无论是刚需性购房、改善性购房还是投资性购房,购买房地产产品都是一项高额消费。购房者无论是由于经济能力有限还是出于投资考虑,基本都会采取各种融资手段进行筹资。最后,市场需求具有长期性:房地产作为一项耐用品,一般情况下都拥有几十年的使用寿命,因此购房者在消费过程中会变得更为谨慎(曹振,2002)。

(3) 目标市场选择

房地产目标市场的选择拥有一套完整流程,包括确定主要影响因素、市场分析和概述、项目定位,最后完成目标市场选择。其中项目定位是房地产目标市场选择的决定性因素。

万科目标市场的选择因素主要包括:公司的白领,这些顾客年轻、接受过高等教育,工作较稳定,资金积累较少,追求时尚和创新,追求生活质量和品牌;投资者,他们追求高收益低风险的投资,注重产品的投资收益;个体经营者,他们有一定的资金基础,生活比较节省,对生活环境有更高的要求。不同群体的消费能力存在较大的差异。万科的目标市场选择主要集中在低端市场和中端市场,同时也开发少量高端市场。低端市场,目标客户主要是白领,年龄在25~35岁,以一家两口或三口为主,每年收入在5万元左右,受教育水平较高,购买需要以居住为主,追求品牌。中端市场,目标客户主要是投资者和个体经营者,年龄在35~45岁,以一家三口或五口为主,每年收入在10万元左右,教育水平不高,购买以投资或第二次置业为主,追求产品的质量和实用性。万科在目标市场选择方面,主要是考虑消费者的需求,对消费者群体进行细分,并针对性地推出房地产产品。目前万科的目标市场选择方面还存在以下不足:目标市场选择单一化,存在不合理,高端市场开发项目较少;没有突出企业文化和企业管理的特色和优势;对于国家政策没有进行充分研究,在这些方面,万科还需要不断改善(崔强,叶翠雯,2016)。

(4) SWOT 分析(周庆竑,2010)

运用 SWOT 分析方法,万科的优势、劣势、机会、威胁情况如表6.2所示。

表6.2 万科公司 SWOT 分析

	优势—S1 1. 品牌 2. 技术 3. 管理 4. 现金流充足	弱点—W 1. 土地储备不足 2. 融资困难 3. 营销能力欠缺 4. 毛利率偏低
机会—O 1. 人口增长 2. 经济发展 3. 市场分化 4. 行业洗牌	SO 战略 利用品牌、管理优势扩大规模、提高市场占有率	WO 战略 提高资金周转率、进一步提高管理水平
威胁—T 1. 竞争激烈 2. 资产负债率偏高 3. 政策导向 4. 经济形势不明	ST 战略 增加质量、提高品牌知名度、降低成本	WT 战略 谨慎拿地,加快应变速度

3. 运营策略

(1) 产品策略

万科在产品线开发上进行了详细的市场细分,拥有着十分详细的产品策略。根据不同区域、不同档次的产品和项目,进行明确的市场定位,并提供不同的配套设施服务。完善的产品策略能够保证产品的质量和统一性,方便进行项目开发和营销,同时也能够不断加深消费者对于万科企业品牌的认知度。万科自主开发的产品线是产品策略的重要组成部分,规模效益好,标准化程度高,对万科房地产品牌的推广起到了重要的作用。目前万科的产品系列主要分为五大系列:高档系列、自然人文系列、金色系列、城市花园系列、四季花城系列。这五大产品系列具有58个基本户型,针对市场五个细分版块,采取不同的设计理念及相应的配合设施,分别适应不同人群的消费需求。从豪宅到普通住宅,从城区到郊区,从刚需购房到改善性购房,各个不同特点的消费者都有针对性地推出产品,产品细分比较全面,市场的覆盖面广。

(2) 价格策略

在企业的市场运营策略中,对于产品价格进行调整是最直接的、立竿见影的方法。价格策略最主要的部分是产品定价,产品定价是否合理极大程度地决定了项目的盈利水平。同时,购房属于一项高额消费,消费者对于产品价格的敏感程度很高,价格的波动会很大程度上影响市场需求状况。从总体上而言,万科产品一直遵循"精品意识",产品价格普遍较市场价高 1 000 元左右。在制定价格策略的时候,考虑了不同消费群体对于产品价格的接受程度,将产品分为高中低三个档次,同时价格制定也分为高中低三个档次,满足不同消费者的需求。同时,对于项目开盘的不同时期,采取了不同的价格策略,以便顺利完成产品销售。在开盘初期,市场需求高,采取高定价策略;在尾盘销售的时候,则适当地降低产品价格,针对不同产品进行不同的定价,达到迅速回款的目标。由于近年来房地产市场价格出现非理性上涨,政府出台了各项宏观调控政策,下调房价,万科也顺应政府要求,对于产品价格进行下调。通过下调产品价格,万科实现了迅速销售,迅速回款,以合理的定价拉动市场需求,从而主动掌握市场的变化(吴晓峰,2014)。

(3) 营销渠道策略

房地产行业参与者不断增多,市场竞争不断加剧,市场由"卖方市场"转变为"买方市场",房地产企业应该将消费者需求放在第一位,基于消费者需求进行产品开发和产品销售。随着科技进步,产品营销的渠道也越来越多样化,如采用现场销售、电话销售、网站销售等各种方式。而一般情况下,房地产产品的销售渠道基本分为自行销售和委托销售两种途径。由于万科企业实力强,有经验丰富和专业的组织策划人员和熟悉房地产市场环境的销售人员,以及在广告、媒体宣传方面有专业人员,所以大多数项目都采用了自建销售渠道的方式,进行产品的经营和销售(卢鸣雷,2015)。

(4) 促销策略

房地产产品具有高额性、长期性等特点,因此消费者消费行为也具有其特殊性。消费者在购房时,会参考更多的相关信息和其他人员的意见,决策复杂,并且耗时长。因此让消费者充分了解产品信息,提高相关人员的参与感和购物体验,十分有利于进行产品促销。万科在提高消费者的消费体验方面,创新地采取了现场展销会的方式进行产品促销。产品展销会一般定于非工作日或节假日,在宣传产品的同时进行现场认购,这种促销方式能够极大地提高消费者的参与度,营造出火热、紧张的购房氛围,促使消费者尽快做出决定。在展销会上开盘,可以一次性大量地销售出产品,做到迅速回款,改善项目现金流量情况。展销会的促销方式经过实践证明是十分有效的促销策略。此外,万科也在电视、网络等宣传媒体上大量投放广告,让消费者能够很快地了解和接触到项目信息,同时对于万科企业品牌产生深刻的印象和认识,树立企业形象。同时,设立样板房,邀请潜在客户以及参观者现场体验,让消费者对项目产生好感,从而进行促销。同时,由于政府要求房企降价,万科也利用这次降价进行促销。此外,万科还采取了宣传和广告促销、人员促销和公共关系促销等多种方式相结合的策略(李松,2014)。

(5) 关系营销策略

关系营销是把营销活动看成一个企业与分销商、消费者、供应商、竞争者、政府机构等通过发生互动作用的过程,核心是建立健全与公众的良好关系。万科的"万客会"就是利用关系营销来扩大消费者群体的例子。万客会——万科地产客户俱乐部,"万客会"始终致力于"让万科理解客户,让客户理解万科",为关心、关注万科的客户及社会各界朋友建立多维、直接、透明的交流平台,为万科向社会提供更为理想的居住空间,向业主提供更为完美的增值服务,为与合作伙伴携手共创辉煌而奠定基石。万科通过"万客会"在获得新顾客的同时,通过关系的维持和巩固,也保持住了老顾客。

4. 竞争策略

万科在企业生存发展的进程中,一直保持和实施差异化、专业化的竞争策略。从公司发展历程、市场细分、产品定位、人员培训等几方面,都可以充分看出万科的差异化竞争策略。

(1) 公司发展历程:万科的发展之路也是不断进行专业化运营的道路。1994年,万科放弃发展"综合商社"的运营模式,从多元化经营向房地产行业集中,其中万科出售万佳百货是一个标志事件,此时万科已经退出所有与房地产无关的行业,进行房地产专业化经营。而在房地产行业的经营过程中,经相应的调查研究,由多品种经营向住宅集中,大幅增加住宅项目的比例,走入住宅专业化道路。与此同时,万科将企业的投资资源由13个城市向北京、上海、深圳、天津4个经济发达城市集中。在住宅领域的专业化,万科提出"以工业化住宅生产方式推进住宅产业化"的策略思路,培养"工业化住宅"的核心能力,其着力点在专注于住宅开发,持续扩大规模经营优势,降低工业化住宅的生产成本,加强产品和工艺研发,积累核心技术,制定行业标准和促进政府政策法规的制定,以此来培养市场的核心竞争力。

(2) 市场细分:购房者由于经济收入水平、文化水平、地域、购买行为、价值观念、消费观念等各个方面存在差异,决定了购房者的需求具有差异化。由于消费者的差异性市场需求,万科将市场进行细分,根据细分市场的特点,来开发相应的产品,满足消费者的差异性偏好。

(3) 产品定位:万科公司在产品定位上,根据项目所在地区的特点和优势,针对不同类型的客户群体,在不同的项目进行不同的产品定位和客户定位。通过产品和服务的差异化,树立出万科独特的企业品牌和企业文化。同时为了避免在同市不同项目之间产生内部竞争,在产品定位上采取差异化竞争策略,可以在项目之间建立和形成良好的联动效果。

(4) 人员培训:人员是企业差异化策略实施的基础,企业员工的优质性本身就是一项差异化资源,同时优秀的人员也可以帮助企业差异化竞争策略的实施,两者相辅相成。万科十分注重校园招聘,从各大高校中录用优质的毕业生,并且建立了一套完整的培训体系,对应届毕业生进行培训。高素质的员工队伍,拥有较强的房地产产品和服务的研发能力,这些都为万科公司实施差异化策略提供了良好的条件(马明,2012)。

6.1.2　建筑业企业案例分析——中建

1. 中建总公司简介

(1) 中建的发展历程

1982年,中国建筑工程总公司正式成立,经过几十年的发展,成为我国专业化发展最久、市场化经营最早、一体化程度最高、全球排名第一的投资建设集团,是承包商的典型代表企业,工业化建筑是中建未来转型发展的重点和方向。

2015年,中国建筑新签合同额约1.7万亿元,营业收入约8 800亿元,利润总额477亿元,在全部110家中央企业中营业收入排名第四位,利润总额排名第六位,位居2015年度《财富》"世界500强"第37位,是全球最大的投资建设集团,获得标普、穆迪、惠誉等国际三大评级机构信用评级A级。

中建在国内外都拥有项目,并且业务范围十分广泛,包括工程建设、投资开发、勘察设计、海外项目承包等多个方面。

① 工程建设方面,中建是世界最大的工程承包商。业务内容包括城市建设的

方方面面和项目建设的全寿命周期。目前中建在国内施工项目平均体量超 6 亿元,全国超过 90% 的 300 米以上超高层,众多技术含量高、结构形式复杂的建筑均由中建承建。中建在工程技术领域处于领先水平。

② 投资开发方面,中建是我国最具实力的投资商之一。目前全集团计划投资额过万亿元,年度投资额约 2 000 亿元,主要投资方向为房地产、基础设施等城镇综合建设领域。目前,已经在十几个省市都有项目布局。中建旗下主要有"中海地产""中建地产"两大地产子品牌,中海地产一直处于我国地产前十强,企业盈利能力很强。

③ 勘察设计方面,中建是我国最大的建筑设计、城市规划、工程勘察、市政公用工程设计的综合企业集团之一。中建拥有建筑工程设计、市政工程设计、工程勘察与岩土等领域的专业技术人员近万人,高端专业人才总量居行业前列,并在设计原创、科技创新、标准规范等方面为行业的发展做出重要贡献。

④ 在海外项目承包方面,中建率先进入国际工程承包市场,成为我国外经领域和中国企业"走出去"的标杆,创造了优秀的海外经营业绩,2015 年排名世界 225 家最大国际承包商第 17 位。中建已累计在 129 个国家或地区承建了近 6 000 项工程。公司海外新签合约额、营业收入年复合增长率是同期我国对外承包工程企业总体增速的 2.5 倍和 1.4 倍,整体发展速度位居业界前列。

(资料来源:http://www.cscec.com.cn/art/2016/5/5/art_9_273279.html)

(2) 中建的组织结构

中建总公司的组织结构如图 6.2 所示。

(3) 中建产业布局

中建主要有五大业务板块,构成整个企业的产业布局。一、勘察设计板块:在该领域中,中建是中国最大的建筑设计、城市规划、工程勘察、市政公用工程设计综合性企业集团之一,相关专业人才的储备量居行业前列。二、基础设施建设与投资:在该领域中,中建是成长最快的企业之一,在公路、铁路、市政环保和远程通讯等基础设施领域都取得了突出的成绩。三、房地产开发与投资:在该领域中,中建是我国最大的房地产企业集团之一,旗下的中国海外是房地产行业的领军企业,中建地产以"家·国·天下"为核心价值,依托集团优势,成为"大地产模式"的创新者、实践者和领导者。四、国际工程承包:在该领域中,中建为中国在国际工程承包业务中的开拓者和领导者,长期位于该业务首位,也是中国最大的承包商,在很多国家和地区承建了标志性建筑,树立了"中国建筑-CSCEC"的企业品牌。五、房

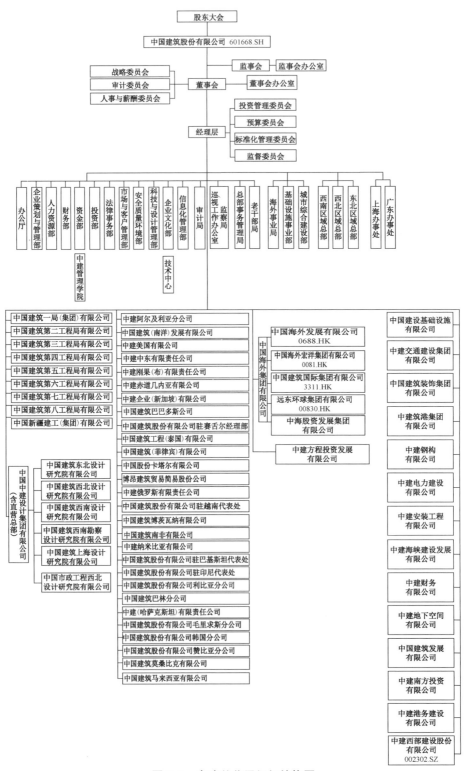

图 6.2 中建总公司组织结构图

资料来源：https://wk.baidu.com/view/4c6976992dc58bd63186bceb19e8b8f67c1cefoc?pcf=2&from=single message & isappinstalled=0

屋建筑工程：在该领域中，中建为全球最大的住宅工程建造商和中国最大的房屋建筑承包商，带领中国房屋建造领域的发展和创新，以承建"高、大、精、尖、新"工程著称。

2. 中建市场运营分析

(1) 宏观环境分析

① 政策环境分析

承包商即建筑行业属于房地产行业的下游产业，针对房地产业提出的政府宏观调控政策也会对建筑业有很大程度的影响。建筑行业也是政府强管控行业，政府相关政策的出台都会影响企业在未来的经营活动方向。2016年，我国多数一二线城市纷纷出台限贷限购政策，极大程度地影响了消费者改善性购房和投资购房，开发商对于拿地、新开发项目更为谨慎，项目的减少必将造成承包商业务来源缩小，尤其在房建方面的业务量可能出现下降。同时，近年来，我国推行城镇化建设，基础设施建设成为政府重点投资项目，为建筑业的发展提供了良好的政策环境。政府也出台了政策对于建筑市场行为进行规范，包括招投标中的违规、违规转包、冒用资质、违法分包以及拖欠工程款等的问题进行治理，进一步规范了建筑市场的行业行为。政府出台了建筑市场监管、标准定额管理、工程质量安全管理等一系列制度和政策文件，监管机制逐步健全，工程质量安全形势持续好转。由于城镇化建设，需求大量的基础设施，政府提出保障房、绿色建筑以及新农村建设等与建筑业之间相关的问题，可以发现我国城市基础设施的更新、城中村的改造、城市功能的升级、居民居住条件的改善等都离不开建筑业，国家对建筑业发展的重视也是建筑业良好稳定发展的根本(柴永征，2013)。

② 经济环境分析

从国内来说，目前我国国民经济持续发展，经济增速平稳上涨。国家固定资产投资也不断增多，全国建筑业生产快速增长，经济效益不断提高，建筑市场行为也日益规范。从国际来说，由于经济发展不断全球化、一体化，国际建筑市场也在不断的开发和融合之中。各个国家都在推进建筑行业的国际化进程，竞争程度不断上升。各国建筑业都在研究对策，寻找新的经济增长点。

③ 社会环境分析

a. 人口因素方面：房地产需求的来源，从根本上而言是由人口来决定的。全球人口总数量下降和人口老龄化趋势加剧，是全球所面临的共同问题。其主要原因是由于全球出生率下降，甚至有些地区出现人口负增长的现象，同时随着生活条件的改善和医疗水平的提高,人类的寿命也普遍延长。而我国实施了几十年的计划生育政策,使得我国人口数量和年龄的分布都产生剧烈的变化,人口因素的变化会给我国房地产行业带来巨大的影响。25~45 岁为我国购房的主力人员,据相关统计资料,该年龄段人口数量已经在 2008 年达到最高峰,这也是 2008 年我国房价疯涨的主要原因。而在未来 14 年间我国的城镇化建设程度将不断提升,这将会带动一部分农村购买力,抵消城市适龄购房人口下降的趋势。城镇购房 25~45 岁适龄人口在 2015 年至 2027 年间会形成一个较为稳定的峰值区间,大约在 2023 年左右达到峰值,约为 2.483 亿(董雪俊,2015)。

b. 社会文化方面:中国传统文化中一直有"安土重迁""成家立业"等思想,这些文化对于中国人的思想和观念中有很重要的地位。而购房则是这些思想的具体表现,先购房再成家,已经成为必然程序。正是由于这些传统思想,中国的青年人的购房率大大高于其他国家。所以中国房价不断攀升和高购房率的一个主要原因是社会传统文化的影响,并不是一个理性购房行为。同时,很多人把房地产作为经济实力和社会地位的象征。因此,中国的购房氛围十分浓重。

④ 技术环境分析

建筑行业是一个传统行业,经常被称为"老土"的行业,因为建筑行业的延续时间很长,并且现场施工较多。因此,看起来建筑行业与高技术并没有什么关系,然而事实并非如此。建筑行业具有很高的科技含量,新技术新理念在建筑行业的应用可以彻底改变传统的工程建造流程。先进的建造技术,是承包商的核心竞争力。中国政府大力出台了一系列宏观政策对建筑业科技化、产业化发展进行指导,提出工业化建筑是我国建筑业的未来发展方向。同时,大力推广"四新"技术在工程实践中的应用,有效提高了我国建筑行业的整体科技水平。很多大型承包商企业,在企业内部设立专门的技术部门或者成立研究中心,增加技术研发上的投入。也有部分企业与高校、研究中心建立合作关系,"产学研"系统性地进行产品研发。BIM、智慧建筑、绿色建筑的提出大大提升了我国建筑业的技术水平,提升建造技术,降低浪费,缩短了工期。高科技新技术使得建筑成本降低,工期缩短,质量提高。

由于我国建筑业从业人员的总体素质较低,这对我国建筑业的技术进步具有相当不利的影响。建筑行业的工作条件差,初期薪酬低,使得建筑行业对于高素质人才的吸引力较低,从而人员素质无法从根本上提高,很大程度上制约了建筑业的技术进步。

(2) 市场定位分析

中建虽然是国有企业,但是在承担国家建设任务的同时,完全遵循市场经济规则,以盈利作为企业的核心目标。因此中建的市场定位主要有以下三点:①引领建筑行业的技术进步和管理升级。对于建筑业行业生产力的提高发挥导向作用。②积极扩展海外建筑市场。成为中国最具国际竞争力的建筑企业,提高行业国际竞争力和国家竞争力,认真实施我国"走出去"的发展策略。③承担国家建设的政治任务。承建国民经济重点和特殊工程建设,以及涉及国家机密和国防安全的重大工程。通过中建的市场定位可以看出,工业化建筑必然会成为中建的发展重点。

(3) 市场需求分析

随着建筑市场的不断发展,消费者对建筑产品的要求也越来越多,需求量也不断上涨。市场要求建造工期短、质量高、能耗低的建筑产品出现,而工业化建筑产品的出现正是为了满足这一产品而应运而生的。中建集团对于市场需求的变化,有着精准的把握和分析,因此也及时研发工业化建筑产品,在市场中占据领先地位。

(4) SWOT 分析

① 优势

a. 经营规模大。中建在经营过程中,合同额、营业额和利润逐年提高,并且保持了在同行业第一的水平。在海外业务方面,承包的工程数量和工程规模也不断增大,海外经营份额不断加大,并且在 EN250 综合排名 17 位。同时,还拥有了大量复合型的国际化人才,为日后再经营活动创造了良好的条件。

b. 国际化程度高。中建在海外经营规模和质量的不断提高,国际化程度也越来越高。在新加坡、越南、泰国、阿尔及利亚、美国等各个国家的业务,已经完全做到了国际化,外方人员数量已经远超中方人员。

c. 市场营销能力强。中建作为国有企业,完全遵守市场经济的规则。国家没有对中建提供过多的保护,而是以盈利和市场需求为导向,使得中建在市场竞争中拥有了突出的生存竞争能力和市场营销能力。

d. 品牌优势突出。中建集团十分注重于企业品牌建设,坚持管理严格、质量过硬、科学的施工技术、先进的企业文化这四大理念。同时中建的企业品牌在各类工程项目中得到大众的广泛认可,知名度也不断提高。"中国建筑"和"中海地产"的著名品牌,已经成为建筑和地产行业内最有影响力的品牌。

e. 专业化程度高。中建总公司的业务已经扩展到建筑行业的各个领域,在建筑行业中的专业程度最高。中建已经形成了"国内外一体化""投资设计施工运营一体化""房地产开发与建筑承包一体化"的三个一体化竞争优势。

　　f. 人才及科技实力雄厚。中建在人才的培育和使用方面投入了很多资源,树立"人力资源是企业第一资源"的观念和"以人为本"的管理理念。实施以人才来增强企业竞争力的发展策略,营造吸引人才、用好人才、培养人才的机制环境。在科技方面,中建在高层与超高层建筑设计与建筑技术、复杂深基坑与深基础处理技术、高性能硅研究与生产技术、复杂空间钢结构体系研究与安装技术、信息化技术以及国际工程承包与工程项目管理等领域均处于全国领先地位,其中不少技术水准已经成为行业技术标准(王瑾,2007)。

　　② 劣势

　　a. 产权结构单一。产权结构单一所造成的弊端:对外,不能充分利用社会资源及接受社会监督;对内,很难营造完善的公司治理机制。

　　b. 企业机制僵化。中建是国有企业,担负的政治、经济和社会责任,形成了国有企业运行机制上的一系列条条框框。因此,会很大程度的影响企业投身市场的活力,降低了企业在市场中的竞争力。

　　c. 企业人才流失。企业人才流失是目前建筑行业普遍面临的严峻问题。建筑行业的工作环境和工作待遇普遍较差,对于人才的吸引力不足。同时对国有建筑企业来说,存在冗员亦多,无法对员工进行合理分配,难以形成公平、公正的内部竞争环境,人才的流失也就属于必然现象(王瑾,2007)。

　　③ 机遇

　　a. 科学技术快速发展。由于"四新"技术的推广和应用,建筑行业在施工技术、设备、材料和施工工艺上都得到了大幅的改善和提升。"四新"技术的应用,也能够大幅降低项目成本,缩短工期,同时能够提高施工质量。随着工业化建筑、智慧建筑、BIM技术等一系列工程领域的新技术、新理念的出现,也给建筑行业带来了变革,极大程度地提高了建筑业的科技水平。此外,管理理念和技术在工程领域越来越引起重视,一些卓有成效的管理手段被应用于建筑企业的日常运营管理中,能够提高企业的效率,降低管理成本。

　　b. 多样化的融资模式。伴随着我国经济的不断发展,证券股票市场也逐渐成熟,出现了各种新的外源性融资模式,给企业的日常经营提供了重要的资金保障,使得企业能够积极发展自身业务。

　　④ 威胁

　　中国区域市场规模巨大,发展势头强劲,中建在很多项目中出现规划多、落实少的现象。

a. 行业竞争激烈。随着建筑市场不断发展成熟,许多企业也开始涉足建筑业,行业的新进入者会给现有企业造成极大的威胁。同时,随着国际化进程加快,外资建筑企业纷纷进入中国市场,这些企业发展时间比较长,在管理和技术上占据着较大的竞争优势,进一步加剧了国内建筑市场的竞争氛围。

b. 物价和人力成本上涨。由于物价上涨因素影响,许多建筑材料价格上涨幅度较大,对公司生产影响较大,也会产生货源断裂等情况。人力资源成本上升,进一步挤压企业的利润空间。人力与原材料两方面成本增加,导致企业利润率降低,增大企业在经营发展中面临的风险。

3. 运营策略

(1) 关系营销策略

在关系营销方面,中建充分利用供应链的上下游来建立良好的合作关系,从而达到产品营销的目的。除了上下游的业主和分包商之外,中建也积极与横向企业包括设计院、咨询单位等建立良好的合作关系,实现在以自身为核心的供应链的各个环节的关系营销,也便于企业进行设计、施工、咨询等环节的具体实施。同时,注重培育一批品行好、悟性高、善于沟通交流、市场嗅觉灵敏、精通商务运作、忠诚于企业的客户经理,以此来实施企业的关系营销,以客户经理为主开拓市场。客户经理的选拔方式主要以企业内部选拔、培训、以老带新、外聘相结合。

(2) 服务延伸策略

竞争日益激烈、利润空间的缩小,中建总公司必须要在一些高端项目上有所突破,以拉开与普通建筑承包商的距离。国内外 EPC、PMC 等交钥匙工程模式以及 BOT、PPP 等带资承包方式成为国际大型工程项目中广为采用的模式,国内建筑企业大集团迫切需要延伸服务范围,从简单的施工承包领域扩展到咨询、设计等其他领域,走一条从投资、规划、设计、施工到最后销售的一体化资本经营之路,从而真正形成资本密集、人才密集、技术密集型和管理密集型大型企业集团。这样集团在市场力、人才力、技术力、资金力、组织力和形象力等方面才能具有明显的竞争力,才能从设计、融资、建造、运营等方面承接大型高端项目。中建总公司目前正积极探索这条道路,以融资建造和设计咨询服务带动工程总承包。

(3) 顾客营销策略

顾客是企业所有现金流量和利润的来源,对于客户进行培训和管理,能够发掘潜在客户,给企业带来利润,这也是顾客营销的核心。针对目标客户建立详细的客户档案,包括工程概况、客户名称、投资来源、规模、信用评定、主要联系人员、客户偏好等内容，区分一般跟踪项目与重点跟踪项目，区分优质客户、一般客户、风险客户，确定投入的资源，制定差异化的营销方案，为客户提供分级服务。建立客户评价系统，定期进行统计分析，确定客户信用分值，对符合国家产业政策、有后续工程、讲诚信有实力的客户，要建立长期的合作关系，为其提供优质服务；对不讲法律法规、不讲环保、不讲诚信的客户，绝不能为片面追求合同成交额而不理智地满足客户需求(赵云，2005)。

4. 竞争策略

中建在几十年的运营过程中，始终专注于建筑行业，坚持实施差异化、专业化的竞争策略。在建筑产品方面，针对市场需求开发不同的产品，使用各类新技术新理念提升产品的科技含量，增加产品的附属价值，使产品区别于市场，增加产品的市场竞争能力。在企业内部，中建拥有多个下属子公司，不同的子公司专注于国内外不同的细分市场，涉及建筑行业中各个不同领域，子公司之间形成良好的协同关系，实施差异化、专业化策略，也很大程度避免了中建内部的不良竞争和浪费企业资源的现象出现。同时，也有利于强化企业整体的竞争能力。在竞争对手方面，实施差异化策略，有助于区别于现有的行业参与者，增强企业的可辨识度。中建实施"大市场、大业主、大项目"的市场策略，专注于大型市场。因此，中建需要在产品和服务上提供差异化，才能有助于赢得市场，生产功能更强、质量更优、服务更好的产品，从而实现差异化(熊雄，2016)。

6.1.3 构件生产商案例分析——润泰

1. 润泰集团的概况

(1) 润泰集团的发展历程

润泰集团1943年创立于上海，总部在台北。主要从事纺织、房地产、建筑、建材和物流量贩、医疗生技、金融保险、教育等行业，总资产高达约6 000亿元人民币，进入台湾财团"五强"行列。润泰集团在台湾的资产高达约5 150亿元人民币，而旗下的高鑫零售在大陆拥有大润发及欧尚两家大型超市，资产已逾800多亿元人民币，共在大陆130多个城市开设了277家大型超市，员工超过20万人。2012年，高鑫零售全年总营业额达630亿元人民币，市场份额达到13.6%，超越沃尔玛的10.9%及家乐福的6.9%，排名大陆外资零售业第一名。

如图6.3所示，润泰集团涉及的行业领域包括建设营造事业、流通量贩事业、保险事业、纺织服饰事业、医疗事业、教育及公益事业。

图 6.3 润泰集团发展历程图

在工业化建筑方面,作为分包商做得比较出色的分公司是润弘精密工程事业股份有限公司。如图 6.4 所示,其前身是由润弘精密工程事业股份有限公司、评辉营造股份有限公司以及润安机电工程有限公司合并而成。润弘成立于 1975 年,其主要业务内容为提供土木建筑施工服务,包括高层住宅、集合住宅、别墅、办公大楼及高科技厂房等。润弘培育了一批优秀的设计、规划、施工与项目管理人才,拥

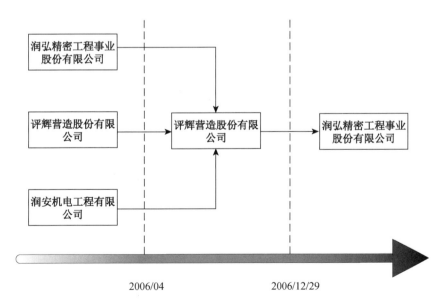

图 6.4 润弘发展历程图

资料来源:谢芳君,2009

有甲级总承包资格,能够承建从专业分包到统包的业务,是台湾少数在建筑工程的全寿命周期都能独立承包的专业营造公司。同时,润弘最大的竞争优势在于工业化建筑的发展,在预制装配领域拥有很高的技术水平。

润弘拥有新型预制工法、新型多螺箍筋技术、电子化管理、高科技新型混凝土材料等先进的工法和工艺,获得中国、美国、日本、韩国、英国及加拿大的多项新型专利,在工业化建筑技术领域处于优先地位。在上海,润弘设立了润铸,在我国大陆地区提供预制建筑工程专业技术顾问及咨询、营建工程施工管理顾问及咨询、建筑设计及深化咨询并提供相关的技术服务(资料来源:http://www.ruentex.com.cn/trans.aspx?id=33)。

(2) 润泰集团的组织结构

润泰集团的组织结构如图 6.5 所示。

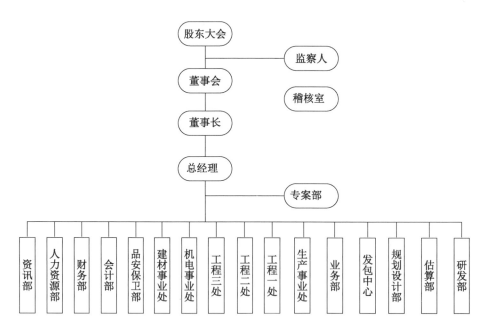

图 6.5 润泰集团组织结构图

(3) 润泰集团的产业布局

润泰集团旗下有 37 家公司 7 大产业:

① 纺织服饰业——润泰全球股份有限公司以生产色织布为主,有 8 家大型纺织厂,产量为亚洲第一并获多项国际认证:通过质量管理认证、环保管理认证、国际知名客户认证、欧洲 OEKO-TEX 环保认证、INVISTA LYCRA 认证、PURISTA

抗菌认证、CERTIFICATE 抗 UV 认证。

② 建设营建业——润泰创新国际股份有限公司,包括房产开发公司、营造公司、机电安装公司、预铸件工厂、设计师事务所等。

③ 金融业——华信银行、复华证券投资信托股份有限公司、光华开发创业投资有限公司。

④ 医疗与养老事业——书田泌尿科眼科医院、润福生活事业股份有限公司。

⑤ 流通事业——1996 年 9 月创立大润发流通事业股份有限公司,晚于家乐福进入台湾市场 11 年,比万客隆晚 12 年,但创立 3 年后超越万客隆,成为台湾岛内第二大的大型超市企业,目前有 25 家大型超市,年销售总额约 400 亿新台币,在台湾位居第二,仅次于家乐福;并拥有 250 万家庭会员,以新鲜、便宜、舒适、便利服务于社会,在台湾有很高的知名度。

⑥ 环保事业——日友环保股份有限公司(处理台湾岛内 70% 以上的医疗废弃物)。

⑦ 国际贸易——润赞国际贸易有限公司、鑫士代企业股份有限公司。(资料来源:http://baike.baidu.com/item/润泰集团)

2. 润泰市场运营与竞争策略

(1) 市场开发策略

在市场开发方面,润泰更加着重于考察客户需求。以客户的需求作为出发点,规划和设计建筑的结构、空间和使用面积处理方面等问题。以客户需求为导向,建造不同类型的房屋,以此来实现不同市场的开发(魏洁,2014)。

(2) 差异化竞争策略

润泰在制定市场策略的时候,主要实施了差异化竞争策略:

① 以工期短、质量高的预制装配式作为企业的核心竞争力,占据市场的领先优势,以此来形成技术壁垒和市场壁垒。

② 在发展工业化建筑相关技术的同时,不完全摒弃传统施工技术,两种工艺齐头并进,并且逐步提高预制工艺的使用率。

③ 在进行专业分包或者统包的时候,采取不同的合同管理模式。在进行预制工程专业分包时,由于工业化施工工期短,受物价波动等时间价值因素影响较小,所以采取总价合同;而在统包或使用传统工艺施工的时候,由于工期长,受物价波动影响大,为了降低工程建造中的风险,一般采取成本加成合同。

④ 在项目前期,考虑项目的边际效益。提高边际效益,有利于为企业创造更

多的价值。加强设计与施工的沟通协作，减少施工过程中的设计变更，增加对业主的附加价值与降低施工成本。

润泰使用工业化建筑作为差异化产品，提高企业的预制装配式建筑的施工技术和施工能力，从而缩短工期，增加建筑的附属价值，并以此形成技术壁垒和市场壁垒，提高企业在市场中的生存能力和竞争能力(谢芳君，2009)。

6.2 国外案例分析

工业化建筑的最早出现是为了解决二战后欧洲国家亟须建造大量住房且又缺乏劳动力的问题，这种预制装配式建造方式显著提高了生产效率，随后美国、日本及新加坡等国家也相继致力于工业化建筑的研究与发展(贺灵童、陈艳，2013)。工业化建筑的突出优点是效率高、环境污染低、节约能源、产品质量高等。

目前发达国家，如美国、德国、日本、瑞典、新加坡，在法律法规、政府作用、市场力量、技术进步等方面都具有比较成熟的应用工业化建筑的经验，我国在推广工业化建筑的过程中值得借鉴。

6.2.1 国外工业化建筑的政策及标准介绍

1. 美国

美国工业化住宅建设的关键技术是模块化技术，在美国住宅工业化建筑过程中，模块化技术针对用户的不同要求，只需在结构上更换工业化产品中一个或几个模块，就可以组成不同的工业化住宅。因此，模块化产品具有很大的通用性。模块化技术是工业化住宅设计的一个关键技术保障。模块化技术是实现标准化与多样化的有机结合和多品种、小批量以及高效率的有效统一的一种最有生命力的标准化方法，模块化的侧重点是在部件级的标准化，由此达到产品的多样化。模块化技术的实质就是运用标准化原理和科学方法，通过对某一类产品或系统的分析研究，把其中含有相同或相似的单元分离出来，进行统一、归并、简化，以通用单元的形式独立存在，这就是由分解得到的模块。各模块具有相对独立的完整功能，可按专业分工单独预制、调试、储备、运输。

2. 德国

德国建筑业标准规范体系完整全面。在标准编制方面，对于装配式建筑首先要求满足通用建筑综合性技术要求,即无论采用何种装配式技术,产品必须满足应具备的相关技术性能,如结构安全性、防火性能以及防水、防潮、气密性、透气性、隔声、保温隔热、耐久性、耐候性、耐腐蚀性、材料强度、环保无毒等。同时要满足在生产、安装方面的要求。企业的产品(装配式系统、部品等)需要出具满足相关规范要求的检测报告或产品质量声明。单纯结构体系,主要需满足结构安全、防火性能、允许误差等规范要求;而有关建筑外围护体系的装配式体系与构件最复杂,牵涉的标准最多。

3. 日本

二战后,日本国土受到极大的破坏,住宅数量严重不足,政府制定了一系列与住宅建设相关的法律法规来解决这一社会问题。1948年日本成立了建设省,1950年颁布了《建筑基准法》,同时,对商业银行和一般金融机构,难以提供长期、低息的住宅建设资金和购房贷款的问题,根据《住宅金融公库法》,日本政府成立了专门的政策性住宅金融机构"住宅金融公库"。从1952年开始,日本实行"供应住宅建设三年计划",持续了5期,共15年,为解决严重的住宅不足问题做出了巨大的贡献。1966年制定了《住宅建设计划法》,它的目标在于明确包括民间开发在内的全国住宅建设发展方向和长远目标。建设省1969年提出了《住宅建筑工业化的长期设想》,1974年制定了《住宅生产工业化技术开发长期计划》。

从90年代后期,住宅政策开始重视节能一体环保,提出了"环境共生住宅""资源循环型住宅"的理念,并一直持续到现在。2006年,日本人口开始锐减,现有住宅户数已经超过家庭户数,日本住宅政策转向重视现有住宅的运用,制定了《居住生活基本法》,以"住宅性能水准""居住环境水准""居住面积水准"为目标(刘长发、曾令荣、林少鸿等,2011)。

4. 新加坡

经过强调全预制,不注意标准化、重复率以及设计和建造分割的教训,新加坡早在1992年就提出了当时许多国家正在研究的易建设计的概念。

按通常的实践,建筑师和结构设计师对施工过程的劳动效率是不在意的。许多建筑师为了"标新立异",热衷于设计出外形奇特、部件各异的建筑,以图树立自己的"人工纪念碑"。这种建筑施工时劳动消耗特别高,提高了建造成本,拖延了工期。

新加坡易建设计的概念吸取了发达国家包括日本的经验,特别是用"设计和建造"形式总承包时,设计者非常注意施工的难易程度。因此在2000年起草了一份规范,全名是"Code of Practice on Buildable Design"(《易建设计规范》)。Buildable 来源于 Buildability(易建造性)。Buildability 和 Constructability（易施工性）一样,是近几年国内外研究的新领域。

2001 年 1 月 1 日起,《易建设计规范》正式执行,对所有新的建筑项目实行"建筑物易建分值"评定。该规范规定建筑面积在 5 000 平方米的项目必须满足最低易建分值要求,并成为政府审批建筑项目的一项要求。此规范还规定了易建分值评定人员的资质、送审程序和计分方法。

《易建设计规范》在 2002 年以后每两三年修订一次,2011 年改名为"Code of Practice on Buildability"(《易建性规范》),现在执行的是 2015 年版。马来西亚也仿照新加坡的方法制定了自己的易建设计规范,内容极为接近。中国香港也有学者在政府资助下做了研究。

为了推行该强制性的规范,新加坡连续颁布了一系列的规章制度,如:①《易建分值的评分方法》;②《评分人员的资质审定方法和申报制度》;③《建筑业安全付款规则》(Building & Construction Industry Security of Payment Act)(陈振基,2017)。

5. 瑞典

瑞典从 20 世纪 50 年代开始在法国的影响下推行工业化建筑政策,并由民间企业开发了大型混凝土预制板的工业化体系,以后大力发展以通用部件为基础的通用体系。目前瑞典的新建住宅中,采用通用部件的住宅占 80% 以上。

瑞典推行住宅工业化建筑过程中,在较完善的标准体系基础上发展通用部件。瑞典早在 40 年代就着手建筑模数协调的研究,并在 60 年代住宅大规模建设时期,建筑部件的模数化已逐步纳入瑞典工业标准(SIS)。1960 年颁布《浴室设备配管标准》,1962 年颁布《门扇框标准》,1967 年颁布《主体结构平面尺寸标准》和《楼梯标准》,1968 年颁布《公寓式住宅竖向尺寸标准》及《隔断墙标准》,1969 年颁布《窗扇窗框标准》,1970 年颁布《模数协调基本原则》,1971 年颁布《厨房水槽标准》等。这些包括了公寓式住宅的模数协调各部件的规格、尺寸。

70 年代,日本专家对瑞典和世界主要经济发达国家进行考察后说:"作为通用体系的全国统一规则,瑞典的做法在世界上是最完善的。"部件的尺寸、连接件的标准化、系列化为提高部件的互换性创造了条件,从而使通用体系得到较快发展。

瑞典政府推动住宅工业化建筑的手段主要是标准化和贷款制度。政府一直重视标准化工作,不仅委托建筑标准研究所研究模数协调,又由建筑标准协会(BSI)

开展建筑标准化方面的工作。为了推动住宅工业化建筑和通用体系的发展,瑞典 1967 年制定的《住宅标准法》规定,只要使用按照瑞典国家标准和建筑标准协会的标准制造的建筑材料和部件来建造住宅,该住宅的建筑就能获得政府的贷款。日本专家在对瑞典考察后认为:"瑞典通用体系的发展是完善的标准化和政府贷款制度的组合"。

6.2.2 美国 AECOM 公司

1. 公司概况

AECOM 是全球著名工程咨询公司,成立于 1990 年,总部位于洛杉矶,于纽交所上市(NYSE:ACM)。AECOM 公司业务涉及建筑(Architecture)、工程(Engineering)、咨询(Consulting)、运营和维护(Operations and Maintenance),公司名称也源于这几项业务名称的首字母。AECOM 在 2016 年 ENR 国际承包商排名中位列第 49 名。

2. 市场运营分析

在国际化发展过程中,通过收纳、兼并、重组的方式进行快速扩张,是 AECOM 所采取的一种曲线入境的有效策略。AECOM 在选择收购对象时,要求收购对象有国际化理念、国际化视野、国际化团队,要有非常健康的财务历史。而且能够与 AECOM 原有的业务形成互补或协同。

业务互补、资源整合是其成功的秘诀所在。面对中国特有的门槛,与并购类似的参股设计院或建立策略合作协议的模式也被 AECOM 应用在中建、港湾和路桥等中国著名的大型建筑企业之中,再加上其灵活的模块式经营的管理模式大大提高了 AECOM 的产能,目前该跨国巨头在中国的业务也如日中天。

AECOM 的扩张逻辑:与其从竞争对手手中把市场夺过来,不如将竞争对手变成自己的一部分,然后通过运作各有所长的品牌,构建自己在不同专业、不同地域的策略布局。

AECOM 进入亚洲工程咨询市场秉承其一贯的发展策略,即寻找并收购一家在这个市场拥有足够资源的同行业公司。2000 年,AECOM 看中了总部在英国,在香港拥有良好政府关系以及大量施工经验的茂盛集团,并成功与其合并,从而补全了全球市场中的亚洲拼图。随后,AECOM 集团则以香港为跳板,把目光转向了广阔的中国内地市场,并很快在内地市场开始同时运作 AECOM 茂盛、AECOM 易道、AECOM 安社这三个品牌,而主打品牌则是 AECOM 茂盛。

AECOM 对深圳城脉建筑设计有限公司的收购，是外资设计企业首次收购中国的甲级建筑设计企业。打破了之前国际设计机构必须挂名国内机构的合作模式。通过上述的几次收购，AECOM 拥有了一家甲级建筑设计企业以及茂盛、易道、安社、DMJM 等涉及工程、景观、环保等领域的几家设计公司，就在中国的建筑设计市场有了非常丰富的参与层面。

收购之后，从组织结构上，AECOM 对旗下的各个公司进行了大力整合，例如，AECOM 中国区的建筑业务板块就由原 AECOM/DMJM 上海办公室、原城脉上海分公司、原都林上海分公司三个部分重组而成，原城脉总裁担任了 AECOM 中国区建筑设计董事、总经理。

同时，从管理体系上，AECOM 将其成熟的管理系统应用于各个公司。从业务营运、成本核算（实行项目成本核算制）、合同管理、风险管理、人力资派、信息化（使用了设计行业国际最先进的设备）、知识产权等方面进行规范化管理，力求用国际化标准来提升和加强公司管理，从而能够达到国际品牌的要求。

3. 运营与竞争策略

AECOM 非常注重国际化与本土化的有机结合，一方面引进国际上成熟的技术资本和管理体系，另一方面，又选择本土的优秀合作伙伴，借助其原有的基础快速发展。这构成了 AECOM 独特的竞争优势。

令 AECOM 茂盛得以迅速发展的核心竞争力还有其模块式经营的管理模式。在国际市场上，AECOM 一般会为业主提供贯穿项目整个周期的咨询：设计与工程技术方案-施工管理-运营与维护服务。

AECOM 的取胜之道是业主可以根据自己的需要，从全套服务中随意选择自己想要的一个或者几个环节。如此一来，AECOM 既能够根据业主要求的不同而随意组合服务的内容，也可以单独做工程咨询，还可以同时提供咨询设计服务。如果项目需要，AECOM 还可以完成咨询、设计、施工管理一体的交钥匙工程。能做到此的重要前提就是 AECOM 以事业部的形式对公司进行了划分和管理。在公司内部，AECOM 划分出结构部、建筑工程部、机电部以及项目管理部四个部门，管理层根据具体项目的特点从四个部门中选择一名员工作为项目经理，被选出的项目经理负责从不同部门挑选成员组成项目部，通过指导 AECOM 茂盛的驻地工程师完成项目。项目结束后，专为其存在的项目部也随即解散，各个项目部的成员也回到原来的部门。

在这种管理模式下，项目部人员和规模由具体项目决定，不会出现人浮于事的情况,每名员工可以同时服务于两个或者更多的项目,其最主要的优势在于可以最大限度地提高产能、降低成本。而且,员工们在接受项目经理管理的同时,也受部门负责人的领导,这无疑对公司的集中管理、调配资源有很大好处。此外,AECOM抓住可持续发展的机遇,率先研发了可持续系统整合模型(SSIM),可以定量评估多个可持续发展指标的成本效益,包括水、能源、绿色建筑、经济学、交通、社区文化、区域生态等可持续发展指标,从而为社区和校园选择并确定最佳的可持续发展方案。

AECOM这些年的发展始终践行着"管理创新"的理念,这是企业成长源动力的核心主旨。

为构建充满创新精神的组织文化,AECOM从2004年至今,核心价值观经过了几轮的不断完善与探索,最终提出,全球团队要秉承同一个"宗旨",即"持之以恒地构筑、改善并维护世界各地的建筑设施、自然环境和社会环境的可持续发展",设定核心价值观为"诚信与正直(Integrity)",并统领"员工(Employees)""卓越性(Excellence)""创造性(Innovation)"等要素,共同构成了将AECOM全世界员工和管理制度理念牢系在一起的文化和价值。"诚信""正直"对全世界咨询、设计服务业企业来说都是非常重要的核心价值观。

6.2.3 德国HOCHTIEF公司

1. 公司概况

德国霍克蒂夫股份公司(HOCHTIEF AG,以下简称霍克蒂夫)是国际建筑工程公司中的佼佼者,其业务范围涉及建筑项目的整个生命周期,从前期的规划、投融资、设计到后期的物流、设备管理、资产管理等。霍克蒂夫的成功经验和所提倡的经营管理理念,对我国建筑企业的发展与国际化具有借鉴意义。

国际建筑业权威杂志美国《工程新闻记录》(*Engineering News Record*)公布的2016年度全球最大的250家国际建筑承包商排名榜中,德国霍克蒂夫以2015年海外营业额高达245.15亿美元的骄人业绩位居世界第二的位置。

霍克蒂夫的组织结构是随着国际建筑市场的发展变化和其自身业务的发展而不断进行调整的。如图6.6所示,霍克蒂夫的组织结构由总部管理控股公司和下设的霍克蒂夫美洲(①)、霍克蒂夫亚太地区(②)、霍克蒂夫欧洲(③)、霍克蒂夫特许经营(④)、霍克蒂夫房地产(⑤)和霍克蒂夫服务(⑥)6个分公司组成。

总部控股公司由控制层和服务层组成,控制层负责公司的策略和组织发展,服

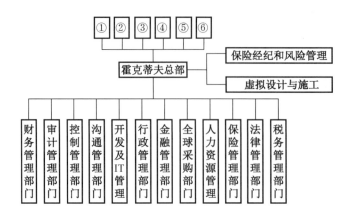

图 6.6 霍克蒂夫公司组织结构

务层为整个组织提供人力资源、法律和采购等服务。霍克蒂夫总部控股公司下还设立保险经纪与风险管理有限公司和虚拟设计与施工有限公司,为整个集团提供相应的服务。

保险经纪人的职责是为基础设施建设、房地产、设备和建筑项目等提供覆盖整个项目生命周期的保险服务,此外,还提供再保险服务。虚拟设计与施工提供的服务涉及建筑结构生命周期的各个阶段,从开发、规划、设计到建筑运营,霍克蒂夫为项目参与各方管理、维护和提供 4D 模型,同时提供虚拟设计与施工方面的咨询服务。通过设计和应用 4D 模型,公司系统地管理全球网络和广泛了解各分公司状况。

2. 市场运营分析

霍克蒂夫的海外市场主要集中在房屋建筑、交通运输、电子通信和供水工程项目。霍克蒂夫 2007 年房屋建筑海外营业额为 102.304 亿美元,占房屋建筑类工程项目市场份额的 13.8%,是房屋建筑市场份额最大的分享商;交通运输海外营业额为 40.495 亿美元,占交通运输类工程项目市场份额的 5.1%,是第四大交通运输承包商;电子通信海外营业额为 10.657 亿美元,占电子通信类项目市场份额的 32.1%,在国际电子通信市场承包中排第一位;供水营业额为 8.525 亿美元,占供水类项目市场份额的 9.86%,是第二大供水类项目承包商。从区域市场分布角度分析,2007 年欧洲、中东、亚太和美国四个地区占国际工程承包市场总量的 81.2%,是当前国际工程承包的四大主要市场。在这四个主要建筑承包市场中霍克蒂夫拥有很高的市场占有率,2007 年霍克蒂夫在美国和亚太地区的承包额排第一位,在欧洲地区排第十位(夏世珍、李晓东,2008)。

3. 运营与竞争策略

霍克蒂夫的经营战略是创新思维、强有力的竞争力、工作中注重合作伙伴关系和保持透明性。他们的服务和产品组合覆盖项目价值链的各个环节。

霍克蒂夫的运营与竞争策略是来源于企业愿景并形成有约束力的企业行为守则。它从霍克蒂夫员工的行为上体现出来,并指导霍克蒂夫与合作伙伴、顾客和股东的商业关系。霍克蒂夫的运营与竞争策略由四个关键因素组成:

(1) 顾客即为上帝的服务方式。霍克蒂夫为确定顾客的需求,积极和顾客进行沟通联系。在个人讨论和通过基于伙伴关系的合作进程中展示出自己的专长和专业化。霍克蒂夫不仅给客户提供令人满意的设计和贯穿于整个建筑价值链的广泛服务项目,还采取了终端到终端的方法,服务考虑到建筑物的整个生命周期。

(2) 坚持以人为本的原则对待其员工。霍克蒂夫提倡开拓新思路、拥有创业精神、对企业忠诚的员工,持续、稳定地提高员工的能力和业绩。在员工承担复杂任务时,为其能达到既定目标给予足够的资源保证;面对错误时,提倡坦率的态度;重视对员工持续的职业教育,确保员工能接受到完成任务所需的技能和资源;让员工相信他们是一个强大的团队,作为团队的一员,每个人都要确保团队有一个统一而积极的形象。

(3) 面对自然环境和社会,坚持可持续发展原则并承担自己的责任。霍克蒂夫一贯坚持的道德原则是公平交易,同时该公司也支持机会平等,鼓励多样化发展。公司推动一切措施保护员工的健康和安全,以减少事故风险和保障相关人员的健康和安全。

(4) 把提高公司的价值作为自己的经营目标。在策略和业务层面上,尊重资本市场并对股东利益负责;公司通过不断创新来提高盈利水平,并实现公司的可持续发展。公司实行透明化报告,在公司内外部提倡充分和坦诚的沟通交流。

6.2.4 日本 JGC 公司

1. 公司概况

日本日挥株式会社(JGC Corporation,以下简称日挥公司)与全球超过 50 个国家合作工程项目,并在工程建造、医药领域拥有超过 40 项的核心技术,业务范围已由石油化工、天然气开发扩展到生命科学、化工、环境等更为广阔的领域,在医药领域也硕果累累,成为日本为数不多的知名建造工程公司之一。

日本的建筑公司多集中发展国内市场,而日挥公司以独特的海外拓展为主的发展策略,在国际工程承包市场赢得重要一席,成为日本乃至亚洲建筑工程界的一面旗帜。

2. 市场运营分析

纵观日挥公司的国际业务发展历史,我们会发现,伴随其国际业务高速增长的并不是一片大好的经济形势,而是一次次的经济危机、石油危机。但日挥公司总能化险为夷,抓住机会,策略性地开拓区域国际市场,从而分散宏观经济发展带来的风险。1975年石油危机,但日挥公司的国际业务却取得了50%以上的增长速度;1985年日元升值,国内市场萎缩,但日挥公司明确了国际化发展的目标,而且还取得了较好的业绩;1997年亚洲金融危机,次年日挥公司的销售额增长率高达50.28%。1997年、1998年日挥公司的利润水平都有较大幅度的亏损,而1998年的销售情况却有较大幅度的增长(考虑到工程建设周期,投资回报有所延迟),这与日挥公司当时大量增加了在南美、中东、独联体等地区的业务开发是有直接关系的。

3. 运营与竞争策略

作为特点鲜明的日本建筑施工企业,日挥公司的发展道路,尤其是其国际化发展道路,对于正积极开拓国际市场,面临许多国际化困惑的中国施工企业具有相当的借鉴意义。

(1) 建立适合国际化项目的运作模式。日挥公司以海外业务为主,因此在国际业务的开展、增强公司在国际市场的竞争能力方面,日挥公司积累了大量的宝贵经验。从20世纪80年代开始,日挥公司就不断推进公司管理模式的改革,使得公司的国际竞争力不断增强,对国际业务的运作也越来越熟练。为了加强海外事业部等分支机构的竞争能力和应变能力,日挥公司调整了其组织结构。公司引入了执行官体系,清晰地界定了总部和分部之间的权力责任,同时赋予各分支机构以较大的自主权限,强化了公司整体的执行能力,并大大减少了海外项目管理带来的不便。同时,日挥公司还设置了执行经理人委员会,每月定期召开会议,用于监督强化各分部对总部经营方针的执行情况,以及分享各地区的经济信息、管理经验,增加各部门之间的交流和学习。

(2) 高度重视技术与施工经验的积累。日挥公司高度重视技术的积累和开发,积极主动地去了解行业发展的最新趋势并满足客户的需求。纵观日挥公司的发展历史,不管是依靠施工能力实现快速扩张,还是依靠技术与资金实力抢占国际市场,又或是近年来通过对新技术、新能源的开发取得了稳定的发展,无不体现了日挥公司对技术能力的执着追求及施工经验的深厚积累。日挥公司在石油精炼处理工艺、石化产品加工工艺、施工方法、信息技术等方面拥有一大批技术专利,且每年日挥公司还会将大量资金投入到位于横滨等地的 JGC 设计研发中心,从事先进技术、材料、施工方法、生产工艺等的开发研究。在日本等建筑业发达的国家,施工设计已进入技术竞争领域,承包商在投标过程中,把设计摆在龙头地位,以先进的施工技术方案来保证质量、成本、进度等方面的优势,日挥公司就是其中的佼佼者。此外,近年来,日挥公司还提出了"人类生活质量工程"的口号,加大了对新能源、洁净能源的研究和开发。

(3) 在项目管理上,日挥公司高度重视对先进管理方法和信息技术的学习和推广,敢于积极尝试最新的管理模式和方法。1980 年前后,日挥公司已在科威特某项目中推行了现代化的项目管理制度,并大获成功。日挥公司对信息系统的掌握也居于同行业最先进水平,他们甚至成立了专门的子公司来开发信息技术,并取得了不小的收益。1997 年前后,日挥公司开始引入全球采购系统。日挥公司持续不断地推进公司内部变革,使得公司的组织结构、管理模式乃至管理方法都能够契合国际化项目的运作要求,最终大幅度降低了海外项目的运营成本,提高了公司在国际市场上的竞争能力,公司经营也进入了一个不断自我强化的循环过程。

6.2.5 新加坡裕廊集团

1. 公司概况

裕廊国际(JURONG International)是新加坡裕廊集团(JTC)的全资子公司。裕廊集团是新加坡贸工部下属的官方机构,是新加坡最大的高级工业园和商业园区的规划、发展和管理商。1961 年,裕廊开始作为现代工业区规划建设,1968 年作为政府代理人的裕廊集团成立。

新加坡在实施"区域经济发展策略"、推进海外开发进程中,"裕廊模式"得到普遍复制并在诸多区域获得成功,如苏州工业园、印度班加罗尔国际科技园、菲律宾卡梅尔第二工业园、越南新加坡工业园。

2. 市场运营分析

新加坡裕廊模式的形成与新加坡裕廊工业区的发展密切相关。20 世纪 60 年代前,新加坡只是一个港口货物集散地,其经济来源主要依靠国际转口贸易,工业基本一片空白,与现代化都市经济相距甚远。通过裕廊工业区50多年的发展,新加坡的经济脱胎换骨,不仅形成了完整的工业体系,取得了非凡的经济成就,新加坡政府还逐步摸索出一整套的现代化经济管理经验,主要包括积极吸引外资引进国际龙头企业、实行自负盈亏的企业化园区管理、贯彻"亲商"理念建立"一站式"服务体系、培训高素质工人、注重现代化城市规划等。新加坡政府以裕廊工业区的管理经验为基础,并进一步充实,形成裕廊模式,强力推动新加坡国民经济建设和发展,之后也将这一模式成功推广到其他国家。

3. 运营与竞争策略

裕廊模式是随新加坡国内工业区、科技园这些载体的发展而形成的,新加坡裕廊工业园是亚洲最早开发的工业园之一,其成功经验为很多国家借鉴。结合裕廊工业园区、纬壹科技城等新加坡经济发展载体的开发、运营、管理和发展,总结归纳出裕廊模式的六大特色如下:

(1) 科学规划促进产城融合发展

裕廊集团(JTC)的一大优势在于其科学的规划。JTC的规划重视总体观和人文观,重视工业用地的合理利用。在科学规划园区产业发展的基础上,综合考虑人的工作、生活、学习、休闲娱乐等各种需求,进行适度超前的基础设施建设。在JTC科学规划下,裕廊工业区成为工业体系齐全的工业基地和环境宜居的新型工业城镇。裕廊工业区工业化过程,实际上也是其城市化过程。裕廊工业区现已建成多层次工业区兼风景优美的旅游区,园区工业基础设施和生活基础设施齐备,轻、重工业兼备,还设有自贸区,园区建有十多个公园,成为名副其实的"花园工业镇"。同样,主要由JTC一手打造的新加坡纬壹科技城也十分重视土地集约利用,并通过节能、环保和绿化打造友好型生态环境,实现工作、生活、学习、娱乐于一体,科研、艺术与商业活动相得益彰。新加坡的产城融合发展模式被推广到其他国家,中国苏州工业园区有效借鉴裕廊工业区的规划、发展等,成为中国产城融合发展的典范。

(2) 政府主导开发

新加坡裕廊工业区初期的开发主要是由政府主导的。1961年新加坡政府在裕廊地区划定6 480公顷土地拟发展裕廊工业园,并拨出1亿新元作为开发资金。1961年到1968年这一开发阶段,新加坡经济发展局负责经营裕廊工业区,为其制定发展规划,并大规模开展拓荒填土工程,进行工业基础设施建设。1968年6月,新加坡政府成立裕廊镇管理局,将本国工业园区开发和营运工作全盘授权给JTC。

另外，JTC 也负责裕廊工业区的经营管理工作，由此裕廊工业区进入了全新发展时期。但在开发初期，裕廊工业区的管理机构、开发资源等主要是由新加坡政府决定的，这样的政府主导开发使得建设初期能够以较低成本获得开发，并有效保证项目快速启动而后达到规模经济。

(3) 全球范围内集中招商

新加坡政府一开始就明确外资对新加坡经济发展的重要作用，招商引资不仅作为国家经济管理部门的基本职能，更将其上升至每个国民都有要积极履行经济发展的职责，新加坡几乎整个政府机构都是为招商引资服务，政府经济管理部门也由通晓国际经济贸易运行规则的人负责，举国共同营造开放的投资环境。裕廊工业区的招商工作由新加坡经济发展局统一负责，打造了一支招商精英团队，在世界各地均设有招商分支机构，并根据本国经济发展实际，选择适宜客户群。经济发展局重点引进三类客户群体：策略性公司的市场、财务等重要部门，技术创新型公司的研发部门，生产型企业的先进生产技术部门。现在，有 7 000 多家跨国公司在新加坡设立机构，部分将其总部设在新加坡，"总部经济"蔚然成风。通过对这些客户群进行有效的把控，也将研发机构、先进技术和高端服务业引入了园区，促进落后产能的淘汰，不断提升裕廊工业区的定位，裕廊工业区也成为各大公司进行策略运作的长期基地。

(4) "政联公司"化经营管理

新加坡政府虽然是裕廊工业区最初的开发者，却并未直接参与工业区的具体管理。JTC 是企业与政府的结合，具有很高自主权，采取经营化管理方式，是自负盈亏的"政联公司"，但其又是政府投资和规划的法定机构。JTC 本质上是一个房地产开发商，但是园区管理委员会的很多服务都涉及政府公共管理领域，JTC 作为园区的开发者和推广者，还提供治安维护、税收、海关、社会保障、教育、计划生育、全民体育运动、劳工等多项公共服务，打造周全的"一站式"服务体系，有效降低了企业与政府相关的交易成本。裕廊工业区的管理制度将市场机制引入工业园管理，带来了租金的下降和园区公用设施成本的降低，优化了园区投资环境，提高了园区管理效率，并保证了较好的规模经济和充足的经济发展空间。

(5) 注重科技、知识等创新要素

新加坡特别注重科技对经济的带动作用，制定了符合自身发展的科技策略。新加坡现已建立并逐步完善了适应知识经济和全球化进程、服务国家可持续发展策略、以任务导向和研究联盟为主要特点的国家创新体系，致力发展生物医药、环境与水务、清洁能源、互动数字媒体产业,为本国经济培育新的增长点,打造新的支柱产业。

JTC 进入 21 世纪后实施了一项重大举措,即打造汇集研发、创新和实验平台于一体的创新热点——纬壹科技城,构建"创新社区",重点发展知识经济。

(6) 服务品牌推动工业区对外扩张

新加坡作为一个岛国,国内资源匮乏,发展空间狭小。为此,JTC 成立了裕廊国际和腾飞公司专事在全球输出其卓越的园区服务管理品牌和资本,实现其全球布局。特别是 90 年代以来,为进一步推进经济增长,新加坡大力推行"区域化经济发展策略",加速海外投资的发展。40 多年来,JTC 在新加坡开发了 45 个工业园区,并接着在全球 116 个城市拓展了 750 多个项目,总面积近 12 万平方千米,相当于再造 171 个新加坡,被誉为亚洲"工业园区孵化器"。这一扩张模式突破国家界限,在多个国家复制新加坡裕廊工业区发展模式,寻求更多资源和市场,破解本土发展的物理空间发展瓶颈,获得更广阔的发展空间,赢得更多利益,并将"裕廊品牌"推广到其他国家,打造出"裕廊管理"这一核心竞争力(卫平、周凤军,2017)。

6.2.6 瑞典斯勘斯卡公司

1. 公司概况

全球最负盛名的国际承包商之一斯堪斯卡(Skanska AB)公司,拥有 115 年的发展历史,自其开始走国际化道路,已过了一个多世纪。该公司在 2016 年 ENR 国际承包商排名中位列第十六名,在股东回报率方面已处在全球领先地位。公司在悠久的国际化历史进程中,将建筑、住宅开发、商业开发与运营和基础设施这四大方面作为其核心业务,非常值得借鉴。

斯堪斯卡公司最主要的核心业务是建筑,包括一般建筑和公共工程建筑两个领域。20 世纪 80 年代以后逐渐淘汰了一些非核心业务,着重发展项目开发类业务包括住宅开发、商业开发与运营两类。20 世纪 90 年代以来,开始发展基础建设领域的融资类项目,并在 2005 年进一步重组为基础设施业务部。至此形成了以建筑、住宅开发、商业开发与运营、基础设施四种核心业务为主的业务结构。

斯堪斯卡拥有近 130 年的发展历史,其拥有三大策略原则:分权与当地化、围绕核心业务、以客户为中心;三项资源优势:品牌、人才、资金;五大策略能力:收购、资源整合、价值创新、风险管理、可持续发展。斯堪斯卡独到的运营管理模式使其成为世界上最大的国际工程承包商之一。

作为世界上跨地域最广的工程建设及设施管理公司,斯堪斯卡拥有良好的组织架构,如图 6.7 所示,它采用的是全球职能结构,但区别于传统意义上的全球职能结构,斯堪斯卡集团分为房地产事业部、商业建筑事业部以及基础设施事业部三个职能部门,每个职能部门负责一个地区的所有经营业务,所以并没有国内业务与国际业务之分。而且在各个区域设立区域分部,如瑞典分部、欧洲分部及美国分部,分部下面则是各个地区的分公司或子公司。另外还设有工程支持部以及金融服务部,集中对各个公司进行工程项目支持和金融风险、融资和财务等的管理和支持。

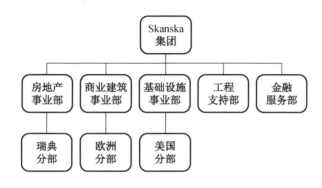

图 6.7　Skanska 集团组织结构

2. 市场运营分析

斯堪斯卡主要以并购企业的形式进入美洲及欧洲的建筑市场,但操作十分谨慎。比如斯堪斯卡在研究美国市场 10 年之后才开始通过并购的形式进入美国市场。并且,斯堪斯卡在初进美国市场的时候,虽然并购了当地的公司,但实行的也是一种联合的形式。在这个过程中,斯堪斯卡不仅对美国市场有了深刻的了解,而且也大大降低了运作风险。到 1997 年,美国的斯堪斯卡进行重组,才真正意义上对美国的业务进行决策和管理。对于欧洲也是以并购的形式进入的,但这种进入速度变快,是因为斯堪斯卡本身就是欧洲公司,对欧洲市场有着充分了解,进入就相对容易一些。

对于非洲和中东市场的进入,因为斯堪斯卡有着非常先进的施工建筑技术,所以选择以技术输出的形式进入并锁定市场。

对于中国的公司来讲,虽然可以通过上述方式进入国际市场,但第一种方式(并购重组)进入的风险太大,而后一种方式(技术输入)对中国建筑工程公司的技术影响有待商榷。

因此,作为发展中国家还有一种方式——联营体进入目标市场。承包商以联营体的形式承揽项目,与联营的合作者共同出资,共同承担风险。通过联营规避风险,同时也对当地进行充分的认识,还可以学习合作者的先进建筑技术和管理经验。

斯堪斯卡通过集中"本土"市场策略,卖掉了在拉脱维亚和立陶宛的公司,他们正停止开拓南非市场,放弃印度的土建项目,并完全摆脱了中国香港的业务。除了斯堪的那维亚半岛的市场,斯堪斯卡的重点市场是美国,并把美国公司的成功经验"复制"到欧洲市场,以此来巩固欧洲市场的地位。在斯堪斯卡所在的地区,当地的民众及斯堪斯卡的员工都把斯堪斯卡作为本地公司来看待。这就是斯堪斯卡"本地化"策略所带来的效果。

3. 运营与竞争策略

纵观斯堪斯卡发展历程,其策略性的扩张方式是它不断成长壮大的关键因素,在国际市场的开拓过程中,斯堪斯卡并没有显得铺张,相反,在进行每一次海外扩张时,都经过了对海外市场长时间的研究与适应过程,善于抓住有利机会,有选择性地并购,且步步为营。

特别是对美国市场的开拓,更值得我们企业学习和借鉴。斯堪斯卡在并购美国的第一家公司之前对美国的建筑市场进行了 10 年的研究,成功并购美国新泽西的 Karl Koch 安装公司之后,并没有立即大规模地进军美国市场,相反,斯堪斯卡又花了 8 年的时间来研究和适应美国市场,在充分了解和适应美国市场之后,开始加快兼并步伐和力度,并一步一步地占领和控制了美国大部分市场。在欧洲和拉丁美洲的扩张同样采用了美国市场的扩张方式,并取得了成功,从此,斯堪斯卡主要国际市场分布在了欧洲、美国以及拉丁美洲,也确立了斯堪斯卡作为最大国际承包商之一的地位。

参考文献

[1] 蔡恩健,蔡琪,白颖,2016.浅析德国建筑工业化产业链的启示[J].建筑机械化,(04):19-20,36

[2] 曹振,2002.中国房地产业发展与管理研究[M].北京:北京大学出版社

[3] 柴永征,2013.中建八局第一建设有限公司发展战略研究[D].复旦大学

[4] 陈静妍,2012.化"危难"为"先机"——日本日挥株式会社的前瞻性与洞察力[J].(04):56-57

[5] 陈林,2016.如何加强建筑工程质量管理的建议与措施[J].低碳地产,(15):144

[6] 陈妍,岳欣,2010.美国绿色建筑政策体系对我国绿色建筑的启示[J].环境与可持续发展,(04):43-45

[7] 陈振基,2017.全面学习新加坡的建筑工业化[J].住宅与房地产,(05):31-36

[8] 崔倩颖,2009.YH房地产公司西江月项目促销策略研究[D].西北大学

[9] 崔强,叶翠雯,2016.东莞万科房地产目标市场选择与定位策略[J].合作经济与科技,(18):110-112

[10] 戴海香,李晓东,2019.Skanska——跨越地域最广的最大承包商[J].建筑管理现代化,(01):61-64

[11] 董雪俊,2015.万科集团商业地产业务竞争战略研究[D].东南大学

[12] 贺灵童,陈艳,2013.建筑工业化的现在与未来[J].工程质量,(02):1-8

[13] 纪颖波,2011.新加坡工业化住宅发展对我国的借鉴和启示[J].改革与战略,(07):182-184

[14] 江淮,2015.国外建筑工业化的历程、经验和我国的差距[N].建筑时报,07-23(005).

[15] 江晋宁,2014.浅析建筑工程合同管理及风险防范[J].中国管理信息化,17(06):62-63

[16] 姜伟,李浩,2016.中建一局:全产业链布局 推动建筑工业化进程[J].建筑,(08):45-46

[17] 蒋名才,2012.关于建筑工程成本管理中存在的问题及其对策的探讨[J].中国外资,(277):24-26

[18] 晋慧,2016.中国建筑工业化政策效应测度[D].东北财经大学

[19] 况伟大,2004.高房价的成因及平抑对策建议[J].价格理论与实践,(10):35-36

[20] KIM S,等,2017.美国装配式建筑主要特点与未来发展.住宅产业,(05):32-35

[21] 李冬杰,2014.中国工程承包企业国际化经营战略研究[D].北京交通大学

[22] 李高锋,施佳呈,郝凤田,等,2016.浅析预制装配式住宅施工安全管理与措施[J].价值工程,316-318

[23] 李松,2014.鞍山万科房地产开发有限公司市场营销策略研究[D].辽宁科技大学

[24] 李永华,2017.装配式建筑市场,今年或再掀波澜[J].金融经济,(03):50-51

[25] 李玉萍,2016.美国政府的经济政策与美国工业化[J].重庆职业技术学院学报,15(6):49-51

[26] 李忠富,李晓丹,2016.建筑工业化与精益建造的支撑和协同关系研究[J].建筑经济,(11):92-97

[27] 梁钟荣,马晖,2010.裕廊集团的中国机会[N].21世纪经济报道:2

[28] 刘长发,曾令荣,林少鸿,等,2011.日本建筑工业化考察报告[J].21世纪建筑材料居业,(01):67-75

[29] 刘长发,曾令荣,林少鸿,等,2011.日本建筑工业化考察报告[J].21世纪建筑材料居业,(02):73-84

[30] 刘长发,曾令荣,林少鸿,等,2011.日本建筑工业化考察报告[J].21世纪建筑材料居业,(03):62-69

[31] 刘贵文,郭攀,2016.基于EPC的建筑工业化项目管理模式应用研究[J].项目管理技术,(09):91-95

[32] 刘贵文,梁新宁,2008.从Skanska公司实践看承包商市场的经营策略[J].国际经济合作,(9):15-19

[33] 刘思,2006.工业化住宅产品的市场发展战略研究[D].武汉理工大学

[34] 刘新杰,2017.Z公司窗膜的营销策略研究[D].华东理工大学

[35] 卢鸣雷,2015.大数据时代下万科杭州未来城营销策略研究[D].南昌大学

[36] 卢求,2016.德国装配式建筑发展研究[J].住宅产业,(06):26-35

[37] 罗杰,宋发柏,沈李智,等,2016.装配式建筑施工安全管理若干要点研究[J].建筑安全,31(08):19-25

[38] 马明,2012.万科企业股份有限公司发展战略研究[D].兰州大学

[39] 孟宪海,1999.中外工程质量监督管理模式的比较研究[J].施工技术,(04):49-52

[40] 牟云静,邵继红,2015.关于房地产营销渠道战略的探析[J].现代经济信息,(19):317-318

[41] Mu, Wenqi and Hao, Shengyue, 2014. How Skanska Became the Leading Global Construction[C]. 4th International Conference on Applied Social Science (ICASS 2014) Enterprise, Singapore, Singapore

[42] 深圳市政府,2016.培育市场主体—完善产业配套—示范项目引路—加强人才培养—深圳装配式建筑和绿色建筑发展概述[J].住宅产业,(11):25-28

[43] 亓霞,李洁,束晓东,2015.基于国外成功经验的中国建筑工业化发展研究[J].工程建设与设计,(03):121-124,128

[44] 齐宝库,张阳,2015.装配式建筑发展瓶颈与对策研究[J].沈阳建筑大学学报(社会科学版),(02):156-159

[45] 秋石,2001.瑞典住宅建筑推行工业化[N].建筑时报:1

[46] 权建军,2017.YK房地产公司桃花源项目营销策略研究[D].沈阳大学

[47] 申文,2014.住宅产业化研究及发展策略分析[D].重庆交通大学

[48] 沈祖炎,李元齐,2015.建筑工业化建造的本质和内涵[J].建筑钢结构进展,(05):1-4

[49] 孙凌志,王克青,2013.我国建筑工业化协同发展模式研究[J].施工技术,42(22):16-18

[50] 陶爽,李福和,2017.世界标杆建筑企业巡礼之八:变革精神成就国际化之路——日本日挥公司(JGC)发展特点浅析[J].施工企业管理,107-109

[51] 汪浩,王小龙,2005.公共产品供给与房地产市场调控:理论分析与政策建议[J].财经问题研究,2005(11):38-42

[52] 王瑾,2007.基于建设供应链的建筑企业市场营销研究[D].哈尔滨工业大学

[53] 王俊,赵基达,胡宗羽,2016.我国建筑工业化发展现状与思考[J].土木工程学报,(05):1-8

[54] 王珊珊,2014.城镇化背景下推进新型建筑工业化发展研究[D].山东建筑大学

[55] 王恕立,耿建明,胡宗彪,2011.论房地产企业的竞争策略选择[J].企业经济,(01):107-110

[56] 王涛,杜晓辉,2017.德国"工业4.0"对我国绿色建筑工业化和信息化的启示[J].

城市住宅,24(4):68-71

[57] 王小飞,2016. RB报社市场化运营战略研究[D].山东理工大学

[58] 卫平,周凤军,2017. 新加坡工业园裕廊模式及其对中国的启示[J]. 亚太经济,(01):97-102,176

[59] 魏洁,2014. 詹耀裕:预制路上前行者[J]. 混凝土世界,(03):96-97

[60] 吴晓峰,2014. 房地产行业的营销策略研究——以万科地产为例[J]. 商,(16):40-41.

[61] 夏锋,樊骅,丁泓,2015. 德国建筑工业化发展方向与特征[J]. 住宅产业,(09):68-74.

[62] 夏世珍,李晓东,2008. 把握风险不断创新,占领国际主要承包市场——解析德国霍克蒂夫股份公司[J]. 工程管理学报,(6):61-64

[63] 谢芳君,2009. 营造业差异化策略与竞争优势之个案研究[D].台湾大学

[64] 谢芝馨,2003. 工业化住宅系统建模和控制的初步分析[J]. 力学与实践,(01):45-47

[65] 熊雄,2016. 中建NJ公司发展战略研究[D].广西大学

[66] 徐鹏富,2006. 建筑企业区域市场选择研究[D].东南大学

[67] 徐伟,2003. 多元化经营与单一化经营的战略选择[D].天津商学院

[68] 徐友全,徐磊,2014. 对建筑工业化管理模式的思考[J]. 建筑经济,(03):13-15.

[69] 杨剑,2017. P公司T产品差异化营销策略研究[D].华东理工大学

[70] 杨仕兴,2015. 面向建筑产业现代化的质量监管体系的研究[D].聊城大学

[71] 杨仕文,徐霞,王森,2016. 装配式混凝土建筑产业链关键节点及产业发展驱动力研究[J]. 企业经济,(06):123-127

[72] 叶浩文,2016. 新型建筑工业化的思考与对策[J]. 工程管理学报,(02):1-6

[73] 尹强,刘鹏,罗志强,2016. 建筑工业化质量管理保障体系的发展研究[J].住宅与房地产,(21):233

[74] 尹新新,赵永生,2015. 推进建筑工业化发展的激励政策剖析[J]. 聊城大学学报(自然科学版),(04):80-84

[75] 闫云霄,2011. 万科企业品牌的营销沟通策略[J]. 企业经济,30(02):96-99

[76] 袁松,2007. GE矩阵在建筑企业目标市场选择中的应用研究[J]. 科学技术与工程,(20):5426-5429

[77] 翟鹏,2015. 新型建筑工业化建设项目管理改进研究[D].山东建筑大学

[78] 张程程,刘春梅,赵永生,2015.工业化建筑建造成本影响因素探析[J].聊城大学学报,28(4):64-68

[79] 张鉴,祖子伟,刘海鹏,2015.建筑工业化过程中关于成本管理的思考[J].现代装饰理论,(04):258

[80] 张金佳,2016.BUCC施工项目住宅工业化工程成本管理研究[D].北京工业大学

[81] 张连营,郑宏亚,2016.建筑工业化发展障碍研究[J].建筑经济,(02):9-13

[82] 张蒙蒙,2014.基于服务型建造的建筑企业商业地产运营模式研究[D].西安建筑科技大学

[83] 张少伟,2013.我国房地产业实施住宅产业化的策略研究[D].山东大学

[84] 张伟,2005.基于价值链分析的工业化住宅企业战略管理[D].武汉理工大学

[85] 张玉,2010.房地产营销渠道战略研究[D].重庆大学

[86] 赵杨,2008.基于4R理论的大连房地产营销策略研究[D].大连海事大学

[87] 赵云,2005.中建三局二公司市场营销战略研究[D].华中科技大学

[88] 中国人民银行营业管理部课题组,2004.北京市房地产市场研究:金融视角的分析[M].北京:中国经济出版社

[89] 周福新,李清立,黄莹,2016.基于精益建造思想的工业化建筑质量管理研究[J].建筑经济,37(07):11-14

[90] 周密,2014.工程巨头豪赫蒂夫的发展经验与启示[J].国际经济合作,(04):76-79

[91] 周庆竑,2010.万科集团发展战略研究[D].北京交通大学

[92] 朱哲,2015.我国住宅房产企业转型中的营销策略探究[D].湖北省社会科学院